KB213886

안양대HK+
동서교류문헌총서
02

천주강생출상경해(天主降生出像經解)
라틴어본·중국어본 역주

안양대학교 신학연구소
안양대HK+ 동서교류문헌총서 2
천주강생출상경해 라틴어본·중국어본 역주

초판인쇄 2023년 2월 17일
초판발행 2023년 2월 24일

라틴어본 지은이 Jerónimo Nadal
중국어본 엮은이 Giulio Aleni
옮긴이 곽문석 · 김석주 · 서원모 · 송강호

펴낸곳 동문연
등 록 제2017-000039호
전 화 02-705-1602
팩 스 02-705-1603
이메일 gimook@gmail.com
주 소 서울특별시 용산구 청파로 40, 1602호 (한강로3가, 삼구빌딩)

값 38,000 원 (* 파본은 바꾸어 드립니다.)

ISBN 979-11-981913-9-7 (94230)
ISBN 979-11-974166-0-6 (세트)

* 이 저서는 2019년 대한민국 교육부와 한국연구재단의 HK+사업의 지원을 받아 수행된 연구임 (NRF-2019S1A6A3A03058791).

天主降生出像經解
천주강생출상경해
라틴어본·중국어본 역주

Jerónimo Nadal 라틴어본 지음
Giulio Aleni(艾儒略) 중국어본 편역
곽문석 · 김석주 · 서원모 · 송강호 번역 및 주해

동문연

발간에 즈음하여

안양대학교 신학대학 부설 신학연구소 소속의 인문한국플러스(HK+) 사업단은 소외 · 보호 분야의 동서교류문헌 연구를 2019년 5월 1일부터 수행하고 있다. 다시 말하여 그동안 소외되었던 연구 분야인 동서교류문헌을 집중적으로 연구하면서, 동시에 연구자들의 개별 전공 영역을 뛰어넘어 문학 · 역사 · 철학 · 종교를 아우르는 공동연구를 진행하고 있다. 서양 고대의 그리스어, 라틴어 문헌이 중세 시대에 시리아어, 중세 페르시아어, 아랍어로 어떻게 번역되었고, 이 번역이 한자문화권으로 어떻게 수용되었는지를 추적 조사하고 있다. 또한, 체계적으로 연구하기 위해서 동서교류문헌을 고대의 실크로드 시대(Sino Helenica), 중세의 몽골제국 시대(Pax Mogolica), 근대의 동아시아와 유럽(Sina Corea Europa)에서 활동한 예수회 전교 시대(Sinacopa Jesuitica)로 나누어서, 각각의 원천문헌으로 실크로드 여행기, 몽골제국 역사서, 명청시대 예수회 신부들의 저작과 번역들을 연구하고 있다. 이제 고전문헌학의 엄밀한 방법론에 기초하여 비판 정본을 확립하고 이를 바탕으로 번역 · 주해하는 등등의 연구 성과물을 순차적으로 그리고 지속적으로 총서로 출간하고자 한다.

본 사업단의 연구 성과물인 총서는 크게 세 가지 범위로 나누어 출간될 것이다. 첫째는 "동서교류문헌총서"이다. 동서교류문헌총서는 동서교류에 관련된 원전을 선정한 후 연구자들의 공동강독회와 콜로키움 등의 발표를 거친 다음 번역하고 주해한다. 그 과정에서 선정된 원전 및 사본들의 차이점을 비교 혹은 교감하고 지금까지의 연구에 있어서 잘못 이해된 것을 바로잡으면서 번역작업을 진행하여 비판 정본과 번역본을 확립한다. 그런 다음 최종적으로 그 연구 성과물을 원문 대역 역주본으로 출간하는 것이다. 둘째는 "동서교류문헌언어총서"이다. 안양대 인문한국플러스 사업단은 1년에 두 차례 여름과 겨울 동안 소수언어학당을 집중적으로 운영하고 있다. 이 소수언어학당에서는 고대 서양 언어로 헬라어와 라틴어, 중동아시아 언어로 시리아어와 페르시아어, 중앙아시아 및 동아시아 언어로 차가타이어와 만주어와 몽골어를 강의하고 있는데, 이러한 소수언어 가운데 우리나라에 문법이나 강독본이 제대로 소개되어 있지 않은 언어들의 경우에는 강의하고 강독한 내용을 중점 정리하여 동서교류문헌언어총서로 출간할 것이다. 셋째는 "동서교류문헌연구총서"이다. 동서교류문헌연구총서는 동서교류문헌을 번역 및 주해하여 원문 역주본으로 출간하고, 우리나라에 잘 소개되지 않는 소수언어의 문법 체계나 배경 문화를 소개하는 과정에서 깊이 연구된 개별 저술들이나 논문들을 엮어 출간하려는 것이다. 이 본연의 연구 성과물을 통해서 동서교류의 과거 · 현재 · 미래를 가늠해 볼 수 있고 궁극적으로 '그들'과 '우리'를 상호 교차적으로 비교해 볼 수 있을 것이다.

안양대학교 신학연구소 인문한국플러스 사업단장

이은선

차례

제1부 작품 해제

제2부 천주강생출상경해의 번역

역주자 서문

1635년부터 1637년 사이에 중국의 예수회 선교는 중국어 성경 번역사에 있어서 획기적인 성과를 이루었다. 4 복음서 전체는 아니지만 예수의 생애, 가르침, 수난과 부활에 이르는 복음서의 주요 본문이 중국어로 번역되고 해설된 『천주강생언행기략』(天主降生言行紀略, 1635)(이하 『언행기략』)과 『천주강생성경직해』(天主降生聖經直解, 1636)(이하 『성경직해』) 그리고 『천주강생출상경해』(天主降生出像經解, 1637)(이하 『출상경해』)가 출판된 것이다. 이 중 『언행기략』과 『성경직해』는 비록 제한적이긴 하지만 최초의 복음서 번역이라고 말할 수 있으며, 후대의 복음서와 신약성경 번역에도 큰 영향을 끼쳤다. 또한 『출상경해』는 예수의 생애를 그림으로 나타낸 도해집인데, 이는 앞의 두 저작에서 번역된 복음서 본문을 시각적 이미지로 소통한다는 점에서 17세기 초 중국 선교에 있어서 복음서가 어떤 위치를 차지하고 있었고 또 어떻게 중국인과 만났는지를 잘 보여준다.

『출상경해』는 스페인 출신 예수회 사제인 제로니모 나달(Jeronimo Nadal, 1507-1580)의 『복음서 도해집』(*Evangelicae historiae imagines*)을 축약한 쥴리오 알레니(Giulio Aleni, 1582-1649)의 중국어 번역본이라고 말할 수 있다. 『복음서 도해집』 153편의 본래 도해 중 3분의 1 정도로 간추린 54편의 도해, 『복음서 도해집』에는 없지만 그 형식을 따른 1편의 도해(도해 3), 그리고 『복음서 도해집』에도 없고 그 형식도 따르지 아니한 독자적인 3편의 도해(도해 1, 도해 2, 도해 58) 등 총 58편으로 구성되었다. 그런데 알레니는 이 외에도『복음서 도해집』에 연속적으로 나오는 도해들을 축약하여 한두 개의 도해로 재구성하거나 주요한 사건만 부각시키기도 하였다. 알레니가 어떤 원칙을 갖고『복음서 도해집』에서 도해들을 선택하고 축약했는지를 자세히 알 수는 없다.

『출상경해』는 도해 가운데 해당 복음서의 장이나 전례력을 언급하지 않고, 다만 하단에 있는 도해 해설 말미에 도해에 나타난 사건이『언행기략』어디에 나와 있는지 표기해 놓았다. 따라서『출상경해』는『언행기략』의 자매편으로 거기 나타난 예수의 생애를 시각적 이미지로 제시하고자 했다는 것을 알 수 있다. 그렇지만 나달의『복음서 도해집』에서 나타나듯이『출상경해』는 전례력 순서대로 복음서 말씀을 해설하고 묵상하는 데 도움을 주었고, 이런 의미에서『성경직해』와도 연결점이 있다고 볼 수 있다. 또한『출상경해』는 나달의『복음서 도해집』을 모체로 삼았지만, 도해 배열의 순서가『복음서 도해집』과 다르며, 이는『출상경해』와『언행기략』이『복음서 도해집』과는 다른 조화본문 전통을 따르고 있다는 것을 잘 보여준다.

『출상경해』는 1637년 천주(泉州)에 위치한 진강경교당(晉江景教堂)에서 처음 간행된 후 1640년, 1642년, 1738년, 1796년에 중간되었으며,『천주강생언행기상』(天主降生言行紀像)이라는 표제를 가진 판본(1640년, 하버드대학 소장)도 존재한다. 본서는 현존하는 초판본 혹은 초기 사본으로 여겨지는 뮌헨의 바이에른 주립도서관(Bayrische Staatsbibliothek)에 소장된 사본(BSB)과 파리의 프랑스 국립도서관(Bibliothèue nationale de France)에 소장된 사본(Bnf Chinois 6750) 중에서 **BSB**를 저본으로 삼았다. 가장 큰 이유는, 판본 비교에 소개되어 있는 것처럼, **Bnf Chinois** 6750에서 도해 1과 도해 2, 도해 45와 46의 순서가 바뀌어 있고 또한 뒷표지 대용인 도해 58이 생략되어 있기 때문이다. 특히 도해 45와 46의 순서는 『복음서 도해집』 및 『언행기략』과 모두 일치한 까닭에 『출상경해』 초판본은 BSB처럼 이를 따랐을 것인데, Bnf Chinois 6750처럼 순서가 뒤바뀐 것은 아마도 후대에 잘못 편집되었을 가능성이 크다.

나달과 알레니의 『출상경해』는 2015년부터 번역 및 주해가 시작되었다. 그해 2학기에 안양대학교에서 개설된 "성서 밖 예수 이야기"라는 과목에서 『출상경해』를 주교재로 채택하였다. 예수의 탄생 이후, '성서 밖'에서 2000년 동안 세계의 여러 문명권에 전해진 예수에 관한 이야기들을 고대 문헌과 예술품들과 영상자료 등을 통해 살펴보고, '성서 안'의 예수 이야기와 비교 검토해 보고자 하는 것이 수업의 목적이었다. 학생들이 나달과 알레니의 각 도해에 제시된 성경 구절을 여러 성경에서 찾아 읽고 그림의 내용과 비교하여 발표한 다음, 곽문석이 번역한 라틴어본 초역과 송강호가 번역한 중국어본 초역을 강의자인 곽문석이 비교하며 해설하는 방식이었다. 2016년 2학기에도 같은 방식으로 수업이 진행되었다.

이후 2016년 10월에 『출상경해』 강독팀이 구성되고 2017년 5월에 동서그리스도교문헌연구소(現 동서문명교류연구소)가 창립되면서 『출상경해』가 본격적인 번역 및 주해에 들어가게 되었다. 동시에 장로회신학대학교 신학대학원과 대학원 여러 과정에 개설된 정규 과정을 통해 서원모는 라틴어본을, 김석주는 중국어본을 주교재 및 부교재로 활용하며 번역 및 주해의 영역을 확장해 갔다. 이런 일련의 과정 가운데 이 책의 번역 및 주해가 완성되기까지 많은 분으로부터 큰 도움을 받았다. 그중에서도 초창기 강독에 함께 참여했던 한승일, 정종민, 이유림 선생께 감사드린다. 또한 마무리 작업 동안에 라틴어본을 꼼꼼히 대조하며 수정해 준 김창선 선생과 중국어본을 하나하나 대조하며 오탈자와 이체자를 수정해 준 조미원 선생께 감사드린다. 이분들의 수고가 없었다면 이 책은 제대로 빛을 보지 못하였을 것이다.

우리의 번역 및 주해 그리고 연구가 지금으로서는 최선을 다하였지만, 여전히 부족하고 아쉬운 면도 많을 것이다. 앞으로 학계와 독자들의 많은 조언과 비판을 구한다. 그럼에도 본서가 앞서 발간된 『신편천주실록 역주』와 함께 동서교류문헌 출판에 있어서 하나의 이정표를 세우고, 앞으로 계속 나오게 될 원천 사료 출판의 디딤돌이 될 것이라고 확신한다. 더 나아가 이 두 책을 통해 동서교류문헌을 집성하고 비교하고 연결하여 동서교류문헌 연구를 위한 데이터베이스를 구축하려는 안양대학교 인문한국플러스 사업단의 목표가 진일보할 수 있기를 바란다.

일러두기

1 라틴어 본문과 도해는 초판본인 Jerónimo Nadal, *Evangelicae historiae imagines: ex ordine Euangeliorum, quae toto anno in Missae sacrificio recitantur, in ordinem temporis vitae Christi digestae* (Antwerp: Martinus Nutius, 1593)를 저본으로 교감하였다.

2 중국어 본문은 뮌헨의 바이에른 주립도서관(Bayrische Staatsbibliothek)에 소장되어 있는 사본(BSB)을 저본으로 교감하였다.

3 라틴어 철자 'u'와 'v' 그리고 'i'와 'j' 등 혼용하여 사용되고 있는 표기는 통일하였다.
예) IESVS → IESUS, Natiuitas → Nativitas, atrij → atrii

4 중국어 본문 중 비슷한 빈도로 사용된 "靈"과 속자 "灵", "昇"과 동자 "升" 등은 "靈", "昇" 등으로 통일하였다.

5 라틴어와 중국어 인명과 지명 등의 고유명사 음역은 가능한 성경전서 개역개정판 (4판, 2005)의 음역을 따랐다.

6 성경 찾아보기, 라틴어 찾아보기, 중국어 찾아보기, 한글 찾아보기의 숫자는 도해번호이다. 라틴어본은 전체 도해를 다루었다.

제1부

작품 해제

성경 도해와 문화전수
『천주강생출상경해』(1637)[1]

I. 들어가는 말

1637년 예수회 선교사 알레니(Giulio Aleni, 艾儒略, 1582-1649)는 『천주강생출상경해』(天主降生出像經解, 이하 『출상경해』)를 출판했다. 『출상경해』는 저본인 스페인 출신 예수회 사제 제로니모 나달(Jerónimo Nadal, 1507-1580)의 『복음서 도해집』(*Evangelicae historiae imagines*)[2] 가운데 핵심 내용만 3분의 1 정도 간추려 한문으로 번역되었는데, 탄생부터 승천까지 예수의 생애를 시각예술로 표현한 도해집으로 예수의 행적을 중국인에게 쉽게 전달하는 효과적인 교육수단으로 묵상에서도 활용되었다.

『출상경해』는 복음서에 나타난 예수의 가르침과 행적 전체를 소개하려는 시도와 깊은 연관이 있다. 1580년부터 1650년까지의 전교서를 살펴보면, 기초적인 교리교육서, 기도서, 신앙해설서가 압도적으로 다수를 차지하며 성경 번역은 시도되지 않았다는 것을 보여준다. 1615년 교황 파울루스 5세는 전례서와 성경의 중국어역을 승인했지만, 성경 번역은 힘들고 어

1 이 글은 서원모·곽문석, "성경 도해와 문화전수: 『천주강생출상경해』(天主降生出像經解, 1637)를 중심으로," 『한국교회사학회지』 47 (2017), 151-198의 내용을 기반으로 한 다음 알레니의 생애와 중국어역서학서 등을 새롭게 첨가하였다.

2 Jerónimo Nadal, *Evangelicae historiae imagines: ex ordine euangeliorum, quae toto anno in missae sacrificio recitantur, in ordinem temporis vitae Christi digestae* (Antuerpiae: [Society of Jesus], 1593).

려운 작업이라고 인식했으며, 성경보다는 교리서와 전례서가 그리스도교 신앙을 전파하는데 더 효과적인 수단이라고 생각했기 때문이다. 그럼에도 본래적인 의미의 성경 번역은 아니지만, 1630년대에 복음서에 나온 예수의 생애를 전체적으로 다룬 중국어역서학서 세 작품, 곧 『천주강생언행기략』(天主降生言行紀略, 1635, 이하 『언행기략』)과 『천주강생성경직해』(天主降生聖經直解, 1636)와 『출상경해』가 출판되었다. 『출상경해』는 조화복음서인 『언행기략』의 자매편으로 만들어졌다.

『출상경해』는 저본이 분명하게 알려져 있고, 예수의 생애를 시각적 이미지로 형상화한 작품이기 때문에 다른 작품보다는 많은 연구가 이루어졌다. 『출상경해』는 시각적 이미지를 이용한 이냐시오 묵상이나 바로크 시대의 서양의 미술 전통과 동아시아의 문화와의 만남, 또는 『복음서 도해집』의 번역과 문화 전수 등 다양한 각도에서 연구되었다.

Ⅱ. 알레니의 생애와 중국어역서학서

A. 생애와 활동

『출상경해』의 저자 알레니는 1582년 이탈리아 북부 브레스키아 귀족 가문에서 태어났다. 그는 1600년 11월 10일에 예수회에 가입하여 1602년 종신서원을 했다. 그 후 파르마 기숙학교(Collegio del geuiti di Parma)에 보내져 1605년까지 철학을 공부했다. 1606년에 그는 볼로냐 대학에서 인문학을 가르쳤고 수학자인 마지니(Giovanni Antonio Magini, 1555-1617)와 교제했다.

알레니는 선교에 대한 열정을 지니고 있었다. 1603년 알레니는 페루 선교를 자원했지만, 허락을 얻지 못했다. 1607년 12월 그는 로마 기숙학교에서 가르쳤고, 클라비우스(Christophorus Clavius, 1538-1612)를 만나 수학과 천문학을 배웠다. 알레니는 다시 동방 선교를 자원하였고, 마침내 1608년 예수회 총장 아쿠아비바(Claudio Acquaviva, 1543-1615)의 승인을 얻어 리스본으로 보내졌다. 리스본에서도 그는 수학과 과학과 아리스토텔레스의 자연철학을 공부했으며, 그 결과 그의 저서에는 아리스토텔레스 자연철학의 흔적이 여럿 발견된다.

알레니는 1609년에 리스본을 떠나 인도 고아를 거쳐 1610년에 마카오에 도착했다. 그는 마카오에서 중국어를 배우면서 예수회 기숙학교에서 수학을 가르쳤다. 1611년 그는 판 스피레(Van Spiere)와 함께 중국 본토에 잠입하려고 시도했다가 발각되어 마카오로 추방되었고, 마카오로 돌아와서는 예수회 수련회원 교육을 맡았다.

1613년에 이르러서야 비로소 알레니는 중국 본토에 들어갈 수 있었다. 그는 자오칭(肇慶), 샤오주(韶州), 난징(南京)을 지나 베이징에 도착했고, 같은 해 유대인과 접촉하기 위해 허난(河南) 지역의 카이펑(開封)으로 파견되기도 했다. 1616년 난징 교안으로 예수회 선교사들과 중국 천주교인에 대한 박해가 이루어지고 선교사들이 추방되었지만, 알레니는 중국 신자들의 도움으로 박해를 피할 수 있었다. 천주교 박해가 잦아든 후에 항저우(杭州)에서 선교하였으며, 1619년 8월 15일 보낸 편지에서는 그 해에 265명에게 세례를 주었다고 전한다. 그는 항저우를 중심으로 하여 베이징, 산시(陝西), 산시(山西), 장쑤(江蘇), 저장(浙江) 지역을 돌아다니며 선교했다.

1624년 말에 알레니는 푸젠(福建) 지역에 도착하여 그 후 25년 동안, 이 지역에서 활동했다. 1637년 푸젠에서 교안이 일어나기까지 알레니는 선교의 황금기를 누렸다. 그는 푸젠의 사대부들과 천학(天學)을 토론하여, 25명의 세례자를 얻을 수 있었다. 또한 사대부뿐만 아니라 대중 선교에도 힘쓴 결과, 1635년에 이르면 푸저우(福州)에서 수백 명이 입교했다. 또한 그는 종교와 철학, 의학, 지리학 등 다양한 분야의 중국어역서학서를 저술하였으며, 푸젠을 예수회 서적 출판의 중심지로 만들었다.

하지만 알레니의 선교는 상류 계층 문인과 불교도의 강력한 불만과 반대를 불러일으켰다. 1637년 푸젠성 안찰사는 천주교를 금지하여 디아스(Manuel Diaz, Jr.)와 알레니를 추방하고 교회당을 폐쇄했으며, 천주교가 유교를 훼손하고 불교를 중상한다고 공격했다. 알레니는 취안저우(泉州)와 싱화(興化) 등지에 은신했으며, 장저우(漳州)로 갔다. 1639년부터 천주교에 대한 박해가 완화되면서 교회와 교회당이 회복되었다.

만주족이 청나라를 세우고 명나라를 위협했을 때, 예수회는 선교 구역을 남북으로 나누어 남부를 알레니에게 맡겼다. 알레니는 1641년부터 1649년까지 부관구장이 되어 난징, 장시(江西), 후난(湖南), 쓰촨(四川), 푸젠 등지의 선교를 담당했다. 1644년 청나라가 베이징을 점령하자, 명 황실의 유신들은 수도를 난징, 푸저우, 광저우(廣州), 난닝(南寧)으로 옮겨 청에 저항했다. 알레니는 이들을 도와 명나라의 회복을 도모했지만, 청군이 난징과 푸저우를 점령하자 옌핑(延平)으로 피신했고, 1649년 그곳에서 세상을 떠났다.

B. 중국어역서학서[3]

알레니의 저서는 주로 신학과 종교와 관련된다. 이를 분류하면 다음과 같다.

① 전례서: 『야소성체도문』(耶穌聖體禱文), 『미살제의』(彌撒祭義).

3 10여 년 전에 중국에서 전집이 영인본으로 출간되었다(艾儒略, 『艾儒略漢文著述全集』[The Collection of Jules Aleni's Chinese Works] 上·下冊 [桂林: 廣西師範大學出版社, 2011]).

② 변증서: 『만물진원』(萬物真原), 『성학추술』(性學觕述), 『삼산논학기』(三山論學紀).

③ 교리서: 『천주강생언행기략』(天主降生言行紀略), 『천주강생출상경해』(天主降生出像經解), 『천주강생인의』(天主降生引義), 『구탁일초』(口鐸日抄), 『척죄정규』(滌罪正規), 『회죄요지』(悔罪要旨), 『성체요리』(聖體要理), 『천주성교사자경문』(天主聖教四字經文).

④ 전기: 『대서리선생행적』(大西利先生行蹟), 『양기원선생초성사적』(楊淇園先生超性事蹟), 『장미극이유적』(張彌克爾遺蹟).

⑤ 기타: 『경교비송』(景教碑頌), 『성몽가』(聖夢歌).

알레니는 신학과 종교 분야 이외에도 수학과 지리학과 인문학 전반에 대한 저술을 남겼다.

① 세계지도: 『만국전도』(萬國全圖).

② 지리서: 『직방외기』(職方外紀), 『서방문답』(西方答問).

③ 수학: 『기하요법』(幾何要法).

④ 인문학: 『서학범』(西學凡), 『오십여언』(五十言餘).

알레니는 중국어역천문서를 저술하거나 중국 역법을 개혁하는 일에는 직접 관여하지 않았지만, 당대의 수학과 천문학에 대한 깊은 지식을 가졌다. 1611년 마카오에서 마지니에게 보낸 편지에서 그는 1610년 1월 9일 인도 고아의 살세테(Salsete)에서 관측한 개기월식과 1610년 12월 15일에 마카오에서 관측한 일식을 기록했다. 알레니는 일본인들과 중국인들도 이 일식을 예측했으며, 중국에서는 일식과 관련해서 수많은 종교 행사가 있었다고 전한다.[4] 또한 그는 1612년 11월 8일 마카오에서 일어난 월식을 보고했으며, 이 관측 자료는 후대에 마카오와 나가사키와 파리의 경도 차이를 산정하기 위해 활용되었다.[5]

Ⅲ. 저본: 나달의 『복음서 도해집』

『출상경해』는 나달의 『복음서 도해집』을 저본으로 만들어졌다. 나달은 예수회 창립자 이냐시오(Ignacio de Loyola)의 정신을 잘 이해하여 그의 저작은 이냐시오 사후 예수회의 목적과 소명을 밝히고 이냐시오 영성의 참된 성격과 의미에 대한 통찰을 제공했다. 특히 『복음서 도해집』은 이냐시오의 영성을 구형화한 주요한 작품이다.

나달은 주일과 축일에 읽는 복음서 독서본문에 대한 주해와 도해를 제공하여 예수회의 젊은 수사들의 묵상과 기도에 도움을 주고자 만들어진 『복음서 주해와 묵상』(*Adnotationes et Meditiones in Evangelia*)을 저술했다. 『복음서 주해와 묵상』은 수태고지에서 성모 승천에 이르기까지 예수의 생애를 묘사한 153편의 도해(imagines), 복음서 독서본문(lectiones), 독서본문을 역사적이고 주석적으로 풀이하는 주해(annotationes), 독서본문을 통해 죄악을 깨닫고 자기를 부정하고 그리스도를 따르도록 인도하는 묵상(meditationes)의 네 부분으로 이루어지는데, 그중 도해만 모아놓은 것이 『복음서 도해집』이다. 다만 『복음서 도해집』은 전례력 순서가 아니라 예수의 생애 순서로 배

4 Antonio Favaro & Pierre Maurice Marie Duhem eds., *Carteggio inedito di Ticone Brahe, Giovanni Keplero e di altri celebri astronomi e matematici dei secoli XVI. e XVII. con Giovanni Antonio Magini, tratto dall'Archivio Malvezzi de' Medici in Bologna* (Bologna: N. Zanichelli, 1886), 348-349.

5 *Mémoires de l'Académie royale des sciences (Paris)* 7/2 (1729), 706.

열되었다.

예수의 생애를 오감을 사용하여 묵상하는 것은 이냐시오의 『영신수련』의 주요한 방법이었다. 『영신수련』은 "모든 사욕편정을 깨끗이 없애고 구령을 위하여 자기의 생활을 개선하는 데에 날카로운 양심으로 하나님의 뜻을 찾고 발견"하는 것을 목표로 삼고, 네 주간에 따른 영성훈련 방법을 제시한다.[6] 특히 이냐시오는 감각과 상상력을 활용한 묵상을 강조하고 장소의 묘사, 주제에 맞는 기도, 그리스도와의 대화를 적극 활용했다. 『영신수련』은 그리스도의 생애를 하나하나 묵상하도록 권유하는데, 둘째 주간에는 예수의 탄생과 유년 시절, 셋째 주간에는 수난 이야기가 초점이 된다면, 넷째 주간에는 탄생부터 부활과 승천까지의 예수의 행적에 대한 묵상 주제와 요점이 제시된다(261-312번). 나달은 예수의 생애를 도해로 표현하고, 이를 기초로 묵상 요점을 제공하는 교본을 만들어 『영신수련』에 따른 묵상훈련 과정을 돕고자 했다.

이렇게 구속의 신비를 시각예술로 표현하는 시도는 트렌트 공의회의 가톨릭종교개혁 정신과도 부합하는 것이었다. 1563년 12월 3일과 4일에 트렌트 공의회는 시각적 예술에 대해 다음과 같은 교령을 반포했다.

> 회화나 다른 묘사로 그려진 우리 구속의 신비들의 이야기를 통해 일반인들은 그 신앙의 항목들을 기억하고 지속적으로 마음으로 곱씹도록 교훈을 받고 확증된다. 모든 거룩한 시각예술로부터 커다란 유익이 비롯된다. 일반인들이 그리스도에 의해 그들에게 베풀어진 유익과 선물에 대해 권고를 받을 뿐만 아니라, 성인들과 그 구원적인 본보기를 통해 하나님이 행하시는 이적이 신자들의 눈앞에 제시되기 때문이다. 그 결과 신자들은 하나님에게 이러한 일들에 대해 감사하고, 성인들을 본받기 위해 자신의 삶

6 윤양석 역, 『성 이냐시오의 영신수련』 제2판 (서울: 한국천주교중앙협의회, 1995), 19.

과 생활방식을 정돈하고 하나님을 경배하고 사랑하며, 경건을 함양하도록 자극을 받는다.[7]

『복음서 도해집』은 유럽뿐만 아니라 라틴아메리카, 아시아, 아프리카에도 전파되었으며, 여러 언어로 번역되고 개작되었다. 또한 『복음서 도해집』에 수록된 도해 자체가 조각과 회화에 영향을 주어 활용되기도 했다.

중국 선교사들도 나달의 『복음서 도해집』이 선교에 큰 도움을 주리라고 기대했다. 롱고바르도(Niccolò Longobardo)의 편지에서는 나달의 저서와 같은 도해집들이 중국인들이 찾아올 때 복음의 씨앗을 뿌릴 수 있는 무언가를 보여줄 수 있는 유익한 도구가 될 것이라고 기대했다. 특히 교육받지 못한 자들에게 "신앙, 계명, 중죄, 성례 등의 신비들을 도해로 나타내는…… 책들"이 큰 도움을 줄 수 있으며, 이러한 도해집들이 중국의 책들과 달리 음영을 지니고 예술적이며 정밀하게 그려졌기 때문에 깊은 인상을 줄 것이라고 말한다.[8]

나달의 『복음서 도해집』에 수록된 도해들은 『출상경해』를 비롯하여 다로카 신부(Giovanni da Rocha, 1565-1623)의 『송염주규정』(誦念珠規程, 1620), 샬 폰 벨(Johann Adam Schall von Bell S.J., 1592-1666)의 『진정서상』(進呈書像, 1640) 등에서 발견된다.

---

7 *Dogmatic Canons and Decrees: Authorized Translations of the Dogmatic Decrees of the Council of Trent, the Decree of the Immaculate Conception, the Syllabus of Pope Pius IX, and the Decrees of the Vatican Council (New York: The Devin-Adair Company, 1912),* Session XXV "On the Invocation, Veneration, and Relics of Saints and on Sacred Images," 169-179.

8 Matteo Ricci, *Opere storiche*, ed. T. Venturi, 2 vols., Macerate 1913, II.475 n.2. Jean Michel Massing, "Jerome Nadal's *Evangelicae Historiae Imagines*," 205의 인용문을 참조했다.

Ⅳ. 서문: "천주강생출상경해인"(天主降生出像經解引)

중국 문학에서 "인"(引)은 당나라 이전에는 발견되지 않으며, "서"(序)와 같지만 조금 작고 간단한 문체라고 정의되는데,[9] 알레니는 이러한 형식을 활용하여 『출상경해』의 목적과 의미를 밝힌다. 이 서문에는 『출상경해』의 목적과 의미가 잘 드러나 있다.

알레니는 구약의 예언자들은 천주 강림을 보길 원했으나 그 뜻을 이루지 못하였고, 로마 시대에 천주께서 강생하여 이적을 행하고 죄를 대속하였으며 부활, 승천하셨다고 밝힌다. 또 복음과 가르침을 전해 받은 온 천하 백성들이 그 거룩한 모습까지도 보기를 원해서 만들어진 것이 도상이라고 알려준다. 이어서 그는 서양에는 복음서와 함께 예수의 생애를 묘사한 수백여 쪽의 도상이 있는데, 자신도 예수의 가르침과 행적을 번역하였고(『언행기략』을 말한다), 또한 주의 행적과 가르침을 마치 친히 보는 것처럼 나타내기 위해 서양의 동판을 본떠 주요한 내용을 그려 『출상경해』를 만들었다고 알려준다. 또한 이 도해 중에는 『언행기략』에 포함되지 않은 것이 있는데, 이는 교회의 전승에 나와 있는 것으로 성모의 안식, 승천 및 대관과 관련되는 마지막 두 도해에 해당한다.

또한 알레니는 하나님이나 천사를 가시적인 형상으로 표현하는 것은 자칫 영적인 존재를 사물화하는 오류에 빠지기 쉽다는 반론에 대하여, 시각적 형상화의 의미를 이렇게 제시한다. 알레니에 따르면 도상은 영적인 능력을 비유하여 묘사하거나 이전에 나타난 형상을 취해 묘사한다. 이를테면 시작과 끝이 없고 지극히 존귀한 능력을 표현하기 위해 아버지 하나님은 나이 많은 노인으로 묘사되고, 성령은 그 선한 성품과 사랑의 뜻을 나타내고 또한 예수 세례 때에 현현한 표상을 취하여 비둘기로 그려진다. 천사가 어린

9 박완식 편역, 『한문 문체의 이해』 (전주: 전주대학교 출판부, 2001).

아이로 묘사될 때는 그 쇠하지 않는 능력을, 날개가 있을 땐 그 신속함을, 꽃가지를 들 땐 순전함을 나타낸다.

마지막으로 알레니는 『출상경해』는 서양 도상의 10분의 1 정도를 그린 것에 불과하다고 밝히면서 도상의 궁극적인 용도를 밝힌다.

> 배우는 이(學者)들은 형이하의 행적으로 말미암아 형이상의 영을 탐구하고, 눈으로 이미 본 것으로 말미암아 눈에 미치지 않는 것을 또한 이해하니, 묵상하면 마땅히 책을 펼치지 않아도 항상 조물주와 더불어 즐김이 있으니, 신령하게 깨닫는 것, 이는 곧 그 사람에게 달려있을 따름이다.

여기서 알레니는 그림을 묵묵히 성찰한다(默默存想)는 표현을 사용한다. 1630년부터 1640년까지의 예수회 선교사와 중국 선비 간의 대화를 기록한 『구탁일초』(口鐸日抄) 제8권에는 성경 본문의 묵상과 관련해서 이 존상(存想)이란 용어가 나타난다.

> 教中工夫 誦經看書 固為有益 然未為大益也 必也其存想乎顧存想有三端：一記其事，一繹其理，一發其情三者備 而存想之功全矣。
> 가르침 중 훈련에서 기도문을 읊고 책을 읽는 것은 약간의 유익이 있지만, 커다란 유익을 주지는 못한다. 필요한 것은 성찰(存想)이다. 다만 성찰에는 세 가지 요소가 있다. 하나는 그 일을 기억함이요, 하나는 그 이치를 탐구함이요, 하나는 그 정을 일으킴이니 셋이 갖춰지면 성찰의 일이 온전하다.[10]

여기서 나타나는 세 요소는 제6권에 나오는 묵상공부(默想工夫, 영성수

10 본고에서 사용한 사본은 다음과 같다: 『口鐸日抄』 Bnf Chinois 7114.

련)의 기억(記含), 깨달음(明悟), 의지(愛欲)와도 연결되는데, 제8권에서는 성모의 엘리사벳 방문(聖母往顧聖意撒伯)을 예를 들어 성찰(存想)의 방법을 설명한다. 당대 예수회 문헌에서 묵상이나 존상은 meditatio, contemplatio를 번역한 단어인데, 양자가 구분되기도 하고 혼용되기도 했다. 스텐다트(Nicholas Standaert)는 존상(存想)이란 단어를 도가(道家) 전통과 연결시켜 "마음으로 그리고 상상함"(visulaization and imagination)이라고 풀이한다.[11]

알레니는 그림을 묵묵히 성찰하는 것은 책을 펼치지 않고도 창조주 하나님과 함께 거니는 길이라고 강조하는데, 이는 『출상경해』가 나달의 『복음서 도해집』처럼 예수의 생애를 시각적으로 형상화하여 관상으로 나아가게 하는 도구였다는 것을 잘 보여준다.

V. 『출상경해』의 구조와 배열

A. 『출상경해』의 구조

『출상경해』에는 모두 58개의 도해가 있다. 처음 두 도해는 예루살렘 도성(도해 1)과 예수의 형상(도해 2)을 묘사하며, 그다음부터 세례자 요한의 잉태(聖若翰先天主而孕)부터 시작해서 성모의 대관(聖母端冕居諸神聖之上)까지 예수의 생애와 관련된 55개의 도해(도해 3~57)가 나오고 마지막에는 예수의 십자가 사건을 요약적으로 보여주는 도해(도해 58)가 나온다. 나달의 『복음서 도해집』은 모두 153개의 도해로 이루어졌기 때문에, 『출상경해』는 이를 3분의 1 정도 축약했다고 볼 수 있다.

나달의 『복음서 도해집』에 나오는 도해들은 주일과 축일 복음서 독서본

11 Nicolas Standaert, "Ignatian Visual Meditation in Seventeenth-Century China," 33-35.

문에 대한 주해와 묵상집의 일부로 만들어졌다. 따라서 각 도해 상단에는 전례력 이름과 복음서 사건의 제목, 독서본문의 복음서의 장과 이와 병행 본문인 다른 복음서의 장들이 표기되었다. 그리고 상단 오른편에는 예수의 생애 순으로 배열된 순서를 아라비아 숫자로, 전례력에 따르는 순서를 로마자 숫자로 표기했다. 반면 『출상경해』는 복음서 사건의 제목만 나타나며, 다른 정보는 생략되었다.

도해의 하단에서 『출상경해』는 『복음서 도해집』을 그대로 따른다. 다만 『출상경해』에는 도해 해설 마지막 항목에서 『언행기략』의 권과 장을 표기한다. 이는 『출상경해』가 『언행기략』의 자매편이라는 사실을 잘 보여준다. 『출상경해』는 『언행기략』의 순서를 따라 만들어졌다. 유일한 예외는 예수의 음부 강하(도해 47)인데, 『언행기략』에선 이를 예수 부활 항목(8.1)에서 다룬다. 중요한 것은 『출상경해』의 예수의 생애 배열 순서가 나달의 『복음서 도해집』의 순서 배열과 서로 다르다는 것이다. 이것은 양자가 서로 다른 조화복음서 전통을 따르기 때문이다. 하지만 알레니가 예수 매장(도해 48) 이전에 음부 강하 도해를 넣은 것은 나달의 『복음서 도해집』의 순서를 따랐다고 말할 수 있다.

나달의 『복음서 도해집』이 대체로 루돌프 폰 작센(Ludolf von Sachsen, 라틴어로는 Ludolphus de Saxonia 1300년경-1377/78)의 『그리스도의 생애』(*Vita Christi a quatuor Evangeliis et scriptoribus orthodoxis concinnata*, 1374년 완성)의 순서를 따른다면,[12] 알레니의 『출상경해』는 루뱅 대학교의 주석가이며 겐트의 감독

12 Ludolf von Sachsen, *Vita Christi a quatuor Evangeliis et scriptoribus orthodoxis concinnata* (Parisiis et Romae: Apud Victorem Palmé, 1865); 루돌프의 『그리스도의 생애』는 4 복음서와 사도행전을 하나로 엮어 예수의 생애를 제시했으며, 단순한 예수의 전기가 아니라 역사, 교부들의 주해, 교리적이고 도덕적인 해설, 영적인 교훈, 묵상, 기도를 수록한 경건 서적이다. 이 저작은 1472년 초판이 나왔으며, 이후 1474년부터 1880년까지 60여 판이 출간되었고 6개의 언어로 번역되었다. 『그리스도의 생애』는 근대적 경건 운동과 이냐시오 데 로욜라에게 깊은 영향을 주었고, 나달의 『복음서 도해집』에게도 영감을 주었다고 보인다. 루돌프의 『그리스도의 생애』는 두 권으로 구성되며 모두 181장으로 이루어져 있다.

인 코르넬리스 얀센(Cornelis Jansen, 라틴어로는 Cornelius Jansenius, 1510-1576)의 조화 복음서의 순서를 따랐다.[13]

〈표 1〉『출상경해』의 구조와 도해 배열 (*는 『출상경해』 해설의 오류로 [ ] 안에 수정)

번호	표제	언행기략[14]	나달
1	大秦如德亞國恊露撒稜都城當 天主降生時圖(천주 강생하실 때 로마 제국 유대 나라 예루살렘 도성의 모습)		
2	天主降生聖像(천주 강생하신 성스러운 모습)		
3	聖若翰先天主而孕(세례자 요한이 천주보다 앞서 잉태되다)	1.1	
4	聖母領上主降孕之報(성모가 상주의 강잉 소식을 듣다)	1.2	1
5	聖母往顧依撒伯爾(성모가 엘리사벳을 방문하다)	1.4	2
6	天主耶穌降誕(천주 예수께서 탄생하시다)	1.7	3
7	遵古禮命名(오랜 전례를 따라 이름을 짓다)	1.9	5
8	三主來朝耶穌(세 왕이 예수를 뵈러 오다)	1.10	7
9	聖母獻耶穌于聖殿(성모가 예수를 성전에 바치다)	1.11	8
10	耶穌十二齡講道(예수께서 열두 살에 말씀을 논하시다)	1.13	9
11	耶穌四旬嚴齋退魔誘(예수께서 40일을 온전히 금식하고 마귀의 유혹을 물리치시다)	2.2	12-14
12	大聖若翰屢證耶穌爲天主(대성인 요한이 여러 차례 예수께서 천주이심을 증거하다)	2.3	10
13	婚筵示異(혼인 잔치에서 이적을 보이시다)	2.5	15
14	淨都城聖殿(도성의 성전을 정화하시다)	2.6/6.10	16
15	西加汲水化衆(수가성 물 긷는 곳에서 많은 사람을 변화시키다)	2.8	35-36
16	救伯鐸羅妻母病瘧(베드로 장모의 열병을 치료하시다)	2.12	18
17	渡海止風(바다를 건너며 바람을 그치게 하시다)	2.14	29
18	起癱証赦(중풍병자를 일으키고 죄 용서를 증거하시다)	2.16	30

13 대표적 저서로 『조화복음서』(*Concordia Evangelica*), 『조화복음서 주석』(*Commentariorum in suam Concordiam, ac totam Historiam Evangelicam*) 등이 있다. 본고에서 참고한 문헌은 다음과 같다: Cornelius Jansenius, *Concordia Evangelica: in qua, praeterquam quod suo loco ponuntur quae evangelistae non servato recensent ordine, etiam nullius verbum aliquod omittitur ...* (Antverpiae: Apud Iohannem Bellerum, 1558). 16-17세기의 루뱅대학교의 성서학에 대해서는 Wim François, "Augustine and the Golden Age of Biblical Scholarship in Louvain (1550-1650)," in *Shaping the Bible in the Reformation: Books, Scholars and Their Readers in the Sixteenth Century*, Library of the Written Word 20 (Leiden: Brill, 2012), 235-289를 보라.

14 본고에서 참고한 『언행기략』 사본들은 다음과 같다: 『天主降生言行紀略』 (1635). Bnf Chinois 6709 & 6716.

번호	표제	언행기략	나달
19	起三十八年之癱(38년 된 중풍병자를 일으키시다)	2.19	47
20	山中聖訓(산중에서의 거룩한 가르침)	3.1	19
21	救武官之病僕(무관의 병든 종을 치료하시다)	3.2	27
22	納婴起寡嫠之殤子(나인성에서 과부의 죽은 아들을 일으키시다)	3.3	28
23	若翰遣徒詢主(요한이 제자를 보내 주께 묻다)	3.4	32
24	赦悔罪婦(죄를 뉘우치는 여인을 용서하시다)	3.5	34
25	播種喩(씨뿌리는 비유)	3.9	38
26	五餠二魚餉五千人(다섯 개의 떡과 두 마리의 물고기로 오천 명을 먹이시다)	3.15	41-43
27	耶穌步海(예수께서 바다를 걸으시다)	4.1	44
28	底落聖蹟(두로에서의 거룩한 이적)	4.4	61
29	預告宗徒受難諸端(제자들에게 고난 받을 징조를 예고하시다)	4.9/6.3 [6.2]*	80
30	大博山中顯聖容(다볼산에서 성스러운 모습을 드러내시다)	4.10	63
31	胎瞽得明證主(나면서 눈이 멀었던 자가 눈이 밝아져서 주를 증거하다)	4.20	57
32	貧富生時異景(가난한 자와 부유한 자의 살아있을 때의 다른 모습)	5.19	73
33	貧善富惡死後殊報(가난하나 착한 자와 부유하나 악한 자는 죽은 후에 서로 다른 보응을 받는다)	5.19	74
34	天賞喩(천국 상급의 비유)	5.25	72
35	伯大尼亞邑起死者於墓(베다니 마을에서 죽은 자를 무덤에서 일으키시다)	5.16 [5.26]*	76-78
36	異學妬謀耶穌(바리새인 학자들이 예수를 시기하여 해치려고 모의하다)	6.1	79
37	葉禮閣開三矇(여리고에서 눈이 먼 세 사람의 눈을 뜨게 하시다)	6.7	83
38	入都城發嘆(도성에 들어가시니 찬미가 나오다)	6.9	87
39	以宴論天國諭異端昧主(잔치로 천국을 논하여 이교도 몽매한 군주를 가르치시다)	6.17	93
40	世界終盡降臨審判生死(세상 종말에 강림하여 생사를 심판하신다)	6.25	98-99
41	濯足垂訓(발 씻기심에 대한 가르침)	7.2	101
42	立聖體大禮(성체대례를 세우시다)	7.3	102-3
43	囿中祈禱汗血(동산에서 기도하시며 피땀을 흘리시다)	7.7	107
44	耶穌一言仆衆(예수의 한 마디 말씀으로 무리를 엎어지게 하시다)	7.8	108
45	繫鞭苦辱(매달아 채찍질 당하시는 고욕)	7.15	121
46	被加莿冠苦辱(가시관이 씌워지는 고욕을 당하시다)	7.16	122
47	負十字架登山(십자가를 지고 산에 오르시다)	7.19	126
48	耶穌被釘靈蹟疊現(예수께서 못 박히시니 신령한 이적이 거듭 나타나다)	7.24	130
49	耶穌聖魂降臨地獄(예수의 거룩한 영혼이 지옥에 내려가시다)	8.1	131
50	文武二仕檢葬耶穌(문무 두 관리가 예수를 염하여 장사지내다)	7.25	132-133
51	耶穌復活(예수께서 부활하시다)	8.1	134
52	耶穌復活現慰聖母(예수께서 부활하여 성모에게 나타나 위로하시다)	8.2	135
53	耶穌將昇天施命(예수께서 승천하려 하시며 분부를 내리시다)	8.3-10	147

번호	표제	언행기략	나달
54	耶穌昇天(예수께서 승천하다)	8.12	148
55	聖神降臨(성령이 강림하다)	8.13	149
56	聖母卒葬三日復活昇天(성모가 죽어 장사된 지 사흘 만에 부활하여 승천하다)	성모행실	151-152
57	聖母端冕居諸神聖之上(성모가 예복과 면류관을 갖추고 여러 천사와 성인 위에 거하다)		153
58	耶穌受難聖堂帳幔自裂(예수께서 고난받으실 때 성전 장막이 저절로 찢어지다)		

『출상경해』에는 나달의 『복음서 도해집』의 도해의 틀을 따르지 않는 세 개의 도해가 있다(도해 1-2, 58). 첫 도해(도해 1)에서는 大秦如德亞國協露撒稜都城當天主降生時圖(천주 강생하실 때의 로마 제국 유대 나라 예루살렘 도성의 모습)라고 제목이 달려있고, 此城日久, 存毁改變不一. 然吾主耶穌, 受難昇天, 聖蹟諸所. 至今顯存. 凡諸國奉教者, 每往瞻拜云(이 도성은 세월이 흘러 훼손되고 고쳐지고 변하여 예전 같지가 않다. 그러나 우리 주 예수님의 수난, 승천, 성스러운 사적의 여러 장소가 지금까지도 뚜렷이 남아 있어서, 여러 나라의 교회를 섬기는 사람들이 늘 가서 우러러 배례한다고 한다.)고 해설이 나온다. 두 번째 도해(도해 2)에선 중앙에 예수를 두고 주변에 천사, 네 귀퉁이에는 복음서 기자를 나타냈다. 상단에는 天主降生聖像(천주 강생하신 성스러운 모습), 바로 밑에는 작은 글씨로 諸神瞻仰聖容四聖紀錄靈蹟(여러 천사들은 성스런 모습을 우러러 바라보고 네 성인은 신령한 이적을 기록하다)이라고 표제를 붙이고 하단에는 6언시로 강생하신 예수의 신비를 표현한다.

반면에 도해 58은 예수의 십자가 사건을 요약적으로 보여주는데, 중앙에는 십자가에 달린 예수 그림을 두고, 중앙 상 · 하단에 2개, 좌우로 연결된 그림이 4단으로 나와 모두 11개의 그림이 그려져 있다(그림 1). 도해 58은 앞의 도해들과는 전혀 다른 형식으로 그려져 있으므로 아마도 앞 속표지 예수회 문양과 짝을 이루는 뒤 속표지일 것이라고 추정된다.

도해 58에는 그림에 대한 설명이 붙어있다. 가운데 그림에는 아무런 해설이 없지만 중앙 상단 그림에는 耶穌受難聖堂帳幔自裂(예수께서 고난받으실 때 성전 장막이 저절로 찢어지다), 중앙 하단 그림에는 耶穌聖魂降臨靈薄救諸古聖(예수의 거룩한 영혼이 림보에 내려가서 모든 옛 성인을 구하시다)라는 해설이 나온다. 좌우로는 첫 단에는 大地冥暗午時如夜(대지가 어두워져서 정오가 밤과 같다), 日月無光(태양과 달에 빛이 없다)라고 나오고 둘째 단에는 石裂(바위가 깨지다), 地震(땅이 흔들리다)라고 나오고, 셋째 단에는 墓開(무덤이 열리다), 先聖復活(먼저 [자던] 성인이 부활하다)라고 나오고, 넷째 단에는 見者皆搥胸而歸(지켜보던 자가 모두 저녁이 되어 돌아가다), 軍將認耶穌眞主(군대 장수가 예수가 참된 주라고 인정하다)라고 나온다. 도해 58은 예수께서 십자가에 달려 죽으실 때 일어난 여러 사건들을 요약적으로 정리해주고 있다.

그림 1 알레니 도해 58 (십자가)

B. 도해의 선택

알레니는 『복음서 도해집』의 153개의 도해 중에서 54개를 뽑아내어 번역했으며, 세례 요한의 잉태(도해 3)를 덧붙였다. 때로 나달은 복음서의 같은 이야기를 여러 개의 도해로 나타내기도 했다. 이를테면 동방박사의 방문(도해 6-7), 마귀의 세 가지 시험(도해 12-14), 사마리아 여인(도해 35-36), 오병이어(도해 41-43), 돌아온 탕자(도해 66-69), 부자와 나사로(도해 73-75), 나사로의 부활(도해 76-78), 포도원 주인의 비유(91-92), 베드로의 부인(112-114)이 그 사례이다. 특히 최후의 만찬에서 매장에 이르는 예수의 수난 이야기는 34개의 도해로 아주 자세하게 묘사되었다(도해 100-133). 나달이 『복음서 도해집』에서 같은 이야기를 여러 도해로 구분하여 도해로 표현했다면, 알레니는 이들을 모두 하나로 통합했다. 부자와 나사로의 비유만 예외라고 말할 수 있다(『출상경해』 도해 32-33).

또한 알레니는 『복음서 도해집』에서 연속적으로 나오는 도해들을 하나 또는 몇 개의 도해로 축소시키기도 했다. 이를테면 산상수훈에선 『복음서 도해집』의 7개의 도해(도해 19-25)에서 하나(도해 20[19])만[15] 남겼고, 요한복음 7장부터 10장까지의 초막절과 수전절 때의 행적과 가르침에선 10개의 도해(도해 50-59)에서 날 때부터 소경 된 자의 치유(胎瞽得明證主) 하나(도해 31[57])만 선택했으며, 예수의 비유와 용서의 가르침(도해 64-71)은 모두 생략했다.

나달은 그리스도의 수난과 부활을 상당히 자세하게 도해로 표현했지만, 알레니는 주요한 사건만 남겨두었다. 예루살렘 입성과 유대교 지도자들의 논쟁과 관련된 12개의 도해에선 예루살렘 입성(도해 40[87]), 혼인 잔치의 비유(도해 39[93])만 채택하고, 최후의 만찬부터 매장에 이르는 34개의 도해(도해 100-133)에서는 세족(도해 41[101]), 성찬 제정(도해 42[101-102]), 겟세마네 기도(도해 43[107]), 유다의 배반(도해 44[126]), 채찍질(도해 45[121]), 가시관(도해 46[122]), 십자가 지심(도해 47[120]), 죽음(도해 48[130]), 음부 강하(도해 49[131]), 매장(도해 50[132-133]) 등 10개만 남겨두었고, 부활과 현현과 관련된 15개의 도해(도해 134-148)에서는 성모에게 현현(도해 50[135])만 제외하고 모든 현현 기사를 생략했고, 부활(도해 51[134]), 부활과 승천 사이 가르침(도해 53[147]), 승천(도해 54[148])만 남겨두었다.[16]

---

15 이하 『출상경해』의 도해의 저본이 되는 나달의 도해는 [ ] 안에 『복음서 도해집』의 도해 번호를 표기한다.

16 다만 도해 51에선 『언행기략』에서 제8권 제3장부터 제10장을 보도록 제시하여, 앞에 나오는 현현 기사를 모두 참조하도록 했다(8.3-10).

알레니가 나달의 『복음서 도해집』에서 도해를 선택한 원리에 대해서는 알기 어렵다. 예수의 이적 중에는 7개가 제외되고, 13개가 포함되었으며, 예수의 가르침과 비유 중에는 5개만 포함되었다.

〈표 2〉 도해의 선택

구분	『출상경해』에서 제외 (도해 번호는 모두 『복음서 도해집』의 도해 번호임)	『출상경해』에 포함 (도해 번호는 『출상경해』의 도해 번호를 가리키며 [ ] 안에는 『복음서 도해집』의 도해 번호를 표시함)
예수행적 (입성까지)	목자 방문(도해 4), 베드로의 배 위에 오르심(도해 17), 나사렛 방문(도해 40), 표적 요구(도해 46), 초막절 행적(도해 50-56, 59), 한 어머니의 요구(도해 82), 머리에 향유 부은 여인(도해 84), 제2차 성전 정화(도해 88), 이방인의 방문(도해 89)	세례자 요한 잉태(3[없음]), 수태고지(4[1]), 엘리사벳 방문(5[2]), 예수 탄생(6[3]), 동방박사 경배(8[7]), 봉헌(9[9]), 박사들과 토론(10[9]), 요한의 활동(12[10-11]), 시험(11[12-14]), 성전 정화(14[16]), 세례자 요한의 질문(23[32]), 향유 부은 여인(24[34]), 사마리아 여인(15[35-36]), 유대인의 음모(36[79]), 예루살렘 입성(38[85-87])
이적사화	문둥병자(도해 26), 혈루병 여인과 야이로의 딸(도해 31), 왕의 아들(도해 37), 눈멀고 말 못 하는 귀신 들린 자(도해 45), 수종병자(도해 48), 귀먹고 말 더듬는 사람 (도해 62), 열 명의 문둥병자(도해 81)	가나 혼인잔치(도해 13[15]), 베드로의 장모(도해 16[18]), 백부장의 종(도해 21[27]), 나인성 과부 아들(도해 22[28]), 풍랑을 잔잔하게 하심(도해 17[29]), 중풍병자(도해 18[30]), 오병이어(도해 26[41-43]), 바다 위를 걸으심(도해 27[44]), 38년 병자(도해 19[47]), 가나안 여인의 딸(28[61]), 변화산(30[63]), 배냇 소경(31[57]), 나사로의 부활(35[76-78]), 여리고 소경(37[83])
가르침과 비유	산상수훈(도해 20-25), 선한 사마리아인(도해 33), 가라지 비유(도해 39), 잔치 비유(도해 49), 선한 목자(도해 58), 장로들의 전통(도해 60), 악한 청지기(도해 64), 잃은 양(도해 65), 돌아온 탕자(도해 66-69), 형제 교정(도해 70), 용서(도해 71), 바리새인과 세리(도해 90), 포도원 농부(도해 91-92), 과세 논쟁(도해 94), 큰 계명(도해 95), 지도자 책망(도해 96), 만찬 후 설교(도해 104), 보혜사(도해 105)	산상수훈(도해 20[19]), 씨앗의 비유(도해 25[38]), 품꾼의 비유(도해 34[72]), 왕의 잔치(도해 39[93]), 최후 심판(도해 40[97-98])

Ⅵ. 도해의 변용: 사례 분석

알레니는 나달의 『복음서 도해집』의 153개의 도해를 54개의 도해로 간추리고 순서도 다르게 배열했을 뿐만 아니라 새로운 도해를 추가하기도 하고 여러 도해를 하나의 도해로 합성하기도 했다.

A. 도해의 추가: 도해 3(聖若翰先天主而孕)

나달의 『복음서 도해집』은 수태고지로부터 시작하지만, 『출상경해』는 세례자 요한의 잉태(도해 3)로부터 시작하는데, 이는 『언행기략』과도 일치한다. 흥미로운 것은 이 도해는 비록 나달의 『복음서 도해집』에는 없지만, 그 틀에 맞춰 그림과 해설이 나온다는 것이다. 알레니는 의도적으로 나달의 『복음서 도해집』의 도해 형식대로 세례자 요한의 잉태 도해를 삽입했다고 말할 수 있다.

그림 2 『출상경해』 도해 3과 그 저본 (나달의 도해 90 [바리새인과 세리], 리치의 도해 1 [세례 요한의 잉태])

도해 3은 예루살렘 성전을 보여주며, 안뜰과 바깥뜰을 중심으로 천사가 사가랴에게 요한의 탄생을 알려주는 이야기를 묘사한다(그림 2). 이 도해는 기본적으로 바리새인과 세리의 기도에 대한 나달의 도해(도해 90)를 가져왔다. 알레니는 세례자 요한의 잉태를 나타내기 위해, 의도적으로 이 사건과는 전혀 관계가 없는 바리새인과 세리의 기도에 대한 예수의 비유에 대한 나달의 도해를 가져왔다. 하지만 바리새파와 세리가 기도한 곳은 성전 바깥뜰이었고, 세례자 요한의 아버지 사가랴가 천사를 만난 곳은 성전 안뜰이었다. 알레니는 성전 안뜰에서 사가랴와 천사의 만남을 묘사하기 위해 리치(Bartolomeo Ricci, 1542-1613)의 『우리 주 예수 그리스도의 생애』(*Vita D. N. Iesu Christi: Ex uerbis Euangeliorum in ipsismet cocinnata*)[17]에 나오는 세례자 요한 잉태의 도해에서 빌려왔다(그림 2).[18] 가브리엘 천사는 사가랴나 독자의 관점이 아니라 제사를 받으시는 하나님의 관점에서 우편으로 표기되는데, 이는 리치의 도해와도 일치한다.

나달의 『복음서 도해집』의 도해 해설은 일반적으로 장소를 표기하므로 시작하는데 『출상경해』의 도해 3도 유대 나라 수도의 예루살렘 성전을 먼저 표기했다(甲). 대부분의 『복음서 도해집』과 『출상경해』의 도해에선 장소를 알려주는 것으로부터 해설을 시작한다. 이렇게 장소에 대한 관심으로 알레니는 『복음서 도해집』의 해설의 순서를 바꾸기까지 했는데, 이는 세례자 요한의 질문(도해 23[32])에서 확인된다. 『복음서 도해집』에서는 요한의 질문이 혈루병 여인과 야이로의 딸 다음에 나오는 반면, 『출상경해』에선 나인성 과부의 아들(도해 22[28]) 다음에 나온다. 나달은 요한이 감옥에 갇힌 마카이루

17 Bartholomaeus Riccius, *Vita D. N. Iesu Christi: Ex uerbis Euangeliorum in ipsismet cocinnata* (Romae: apud Barthol. Zanettum, 1607).

18 이런 면에서 이 도해를 중국 문화 적응의 사례로 제시한 취이의 주장은 성립하기 어렵다. 취이는 "세례 요한의 탄생 예고"로 시작하는 예수의 삶에 대한 이야기는 이례적인 일이라고 주장하고, 이러한 의도를 공자의 삶과 연결시켜 해석하고자 시도하였다(Yi Qu, 1005-1008).

스 감옥(Macheruntis carcer in tribu Ruben, unde mittit Ioannes discipulos)부터 해설을 시작하는 반면, 알레니는 과부의 아들을 살린 나인성으로부터 해설을 시작한다(納媺城, 耶穌起殤子處).

도해의 해설 마지막에 알레니는 『언행기략』을 참조하라고 했는데, 실제로 "內堂焚香" "但指畫示意"은 『언행기략』의 어구와 동일하다. 하지만 다른 점도 눈에 띈다. 사가랴의 음역은 『출상경해』에선 雜嘉禮亞인데, 『언행기략』에선 匝加利亞이다. 『언행기략』은 천사를 천신(天神)으로만 표기하는데, 『출상경해』는 가브리엘 천사(嘉俾厄爾天神)라고 이름까지 밝혀준다. 『언행기략』은 가브리엘 천사의 말을 성경에 나오는 대로 번역한 반면, 『출상경해』는 내용을 요약적으로 전한다. 예를 들면 요한의 사명은 『언행기략』에선 為主前大聖者(주 앞에서 큰 성인이 된다)고 나오는데, 『출상경해』는 爲天主前驅(천주의 인도자가 된다)고 나온다. 이는 『출상경해』가 『언행기략』의 자매편으로 만들어졌지만, 『언행기략』의 내용을 그대로 재생하기보다는 서로 보완적으로 사용하도록 고안되었다는 것을 잘 보여준다.

B. 여러 도해의 합성

『출상경해』의 도해 중에는 『복음서 도해집』의 여러 도해를 합성한 도해가 있는데, 이렇게 합성하는 과정에서 필연적으로 그림과 해설의 변용이 일어났다. 이러한 사례는 모두 12개로 동방박사의 방문(도해 8[6-7]), 마귀의 세 가지 시험(도해 11[12-14]), 세례자 요한의 활동(12[10-11]), 사마리아 여인(도해 15[35-36]), 오병이어(도해 26[41-43]), 부자와 나사로(도해 32-33[73-75]), 나사로의 부활(도해 35[76-78]), 심판(도해 40[98-99]), 예루살렘 입성(38[85-87]), 성찬 제정(도해 42[102-103]), 붙잡히심(도해 44[108-109]), 매장(도해 50[132-133]), 성모 승천(도해 56[151-152])이 이에 해당한다. 여기서는 마귀의 세 가지 시험(도해

11)을 사례로 분석하고자 한다.

그림 3 나달의 예수 시험 도해:
첫째 시험(도해 12), 둘째, 셋째 시험(도해 13), 천사의 시중(도해 14)

『출상경해』의 마귀의 세 가지 시험(그림 6)은 『복음서 도해집』의 세 도해(그림 3-5)를 하나로 결합했다.

『복음서 도해집』에서는 마귀의 시험이 예수의 첫째 시험(도해 12), 둘째와 셋째 시험(도해 13), 천사의 시중(도해 14), 세 그림으로 묘사되었다. 알레니는 이 그림의 핵심 요소를 모두 골라내어 하나의 그림으로 만들었다(도해 11, <그림 4>). 가장 많이 변형된 그림은 둘째와 셋째 시험이다(도해 13). 여기서는 중앙 오른쪽 하단에 있는 성전이 왼쪽 상단 모서리로 옮겨져서 성전 위에

그림 4 알레니 도해 11 (세 가지 시험)

보이는 높은 산이 성전 오른편에 위치된다. 그렇지만 전체적으로 볼 때, 『출상경해』의 도해 11은 『복음서 도해집』의 세 도해의 기본적인 구도와 내용을 충실하게 반영하고 있다고 말할 수 있다.

〈표 3〉은 하단에 있는 해설이 어떻게 하나로 결합되었는지를 잘 보여준다. 알레니는 지명이나 세부 사항은 생략하고 마귀의 시험의 말(丁, 戊, 己)을 중심으로 해설을 재구성했다.

〈표 3〉 해설의 비교(마귀의 세 가지 시험)

『복음서 도해집』	『출상경해』(밑줄은 『언행기략』과 동일)
(도해 12) Tentat Christum daemon (마귀가 그리스도를 시험하다)	(도해 11) 耶穌四旬嚴齋退魔誘(예수께서 40일간 엄숙히 재계하고 마귀의 유혹을 물리치다)
A. IESU baptizato a Ioanne, & orante, Spiritus Sanctus columbae specie descendit, & vox Patris auditur. (예수께서 요한에게 세례를 받으시고 기도하실 때, 성령이 비둘기 모양으로 내려오고 아버지의 음성이 들리다.)	甲: 若翰承命, 爲耶穌行洗. (요한이 명을 받아 예수를 위해 세례를 행하다) 乙: 耶穌受洗默禱, 聖神白鴿形見於耶穌之首. (예수께서 세례받고 묵도하시니, 성령이 비둘기 모양으로 예수의 머리에 나타나다)
B. Statim in deserto a Spiritu ducitur. (그 즉시 성령에 의해 광야로 이끌리시다.)	
C. Mons desertus ad fines Dommim, ubi IESUS ieiunavit. (돔밈 경계의 황량한 산. 여기서 예수께서 금식하시다.)	
D. IESUS sedet esuriens, post quadraginta dierum ieiunium. (예수께서 40일 금식 후에 굶주린 채로 앉아있다.)	丙: 耶穌往深山, 嚴齋四旬而饑. (예수께서 깊은 산에 가서 40일을 온전히 금식하고 굶주리시다)
E. Versatur cum bestiis. (짐승들과 함께 거하다.)	
F. Prindeps daemonium adoritur IESUM prima tentatione; Si Filiun Dei es, dic, & c. (대장 마귀가 첫째 시험으로 예수를 공격하다. "네가 하나님의 아들이면, 말하라" 등등.)	丁: 邪魔顯像, 初誘耶穌, 以變石爲餌. (악한 마귀가 모습을 드러내 처음으로 예수를 유혹하여 돌을 변화시켜 떡이 되게 하라고 하다)
D. Respondet daemoni IESUS; Non in solo pane, & c. (예수께서 마귀에게 대답하시다. "떡으로만 살 것이 아니요." 등등.)	
G. Spectant Angeli; & daemones Luciferi & IESU certaman; eiusque exitum vehementer expectant. (천사들이 루키페르의 마귀들과 예수의 대결을 바라보다. 그들이 결말을 열렬히 기대한다.)	
(도해 13) Secunda, & tertia tentatio (둘째, 셋째 시험)	
A. Portat per aera daemon IESUM Hierosolymam in templum. (마귀가 예수를 공중을 통해 예루살렘 성전 안으로 데려가다.)	

B. Templum, & in hoc pinnacula, quasi alae templi. (성전, 또한 그 꼭대기, 곧 성전의 측면.)	
C. Statuit IESUM diabolus in supermo pinnaculo templi, & tentat iterum; Si Filius Dei es, mitte te, & c. (마귀가 예수를 성전 맨꼭대기에 세우고 다시 시험하다. "네가 만일 네가 하나님의 아들이면 뛰어내려라." 등등.)	戊: 魔引耶穌, 至聖堂之頂, 誘以踏空而下. (마귀가 예수를 이끌고 성전 꼭대기에 이르러 허공을 밟고 내려가라고 유혹하다)
D. Respondet IESUS, Non tentabis, & c. (예수께서 대답하시다. "시험하지 말라." 등등.)	
E. Rursus portat IESUM daemon in montem excelsum valde. (다시 마귀가 예수를 지극히 높은 산으로 데려가다.)	己: 魔又引耶穌, 踏高山之嶺, 誘以下拜, 誑許以天下之權. (마귀가 또 예수를 이끌고 높은 산꼭대기에 올라가서 절하면 천하 권세를 주겠다고 망령되이 유혹하다)
F. Idest, in montem Nebo. (곧 느보산으로 데려가다.)	
G. Et eius verticem Phasga, trans Iordanem. (요단 건너편 느보산의 정상 비스가산.)	
H. Ibi tentat IESUM Tertio. Haec omnia tibi dabo, & c. Respondet, Vade Sathana Scriptum est enim, & c. (여기서 마귀가 예수를 세 번째로 시험하다. "이 모든 것을 네게 주리라." 등등. 예수께서 대답하시다. "사탄아 물러가라. 성경에 기록되었으되." 등등.)	庚: 耶穌勝退三誘, (예수께서 세 번 유혹을 물리쳐 이기시니)
I. Proripit se Sathan cum suis diabolis. (사탄이 자신의 마귀들과 함께 물러가다.)	庚: 邪魔乃遁. (이에 사악한 마귀가 물러나다.)
K. Christo triumphatori Sathanae, Epinicion caeleste Angeli canunt. (사탄을 이긴 자 그리스도에게 천사들이 하늘의 승리가를 부르다.)	
(도해 14) Angeli ministrant Christo (천사들이 그리스도를 섬기다)	
A. Solemni pompa ferunt prandium Christo Angeli per aera. (웅장한 행렬로 천사들이 공중에서 그리스도에게 음식을 나르다.)	辛: 魔退, 天神趨候進食. (마귀가 물러나자 천사들이 찾아와 문안하고 음식을 바치다)
B. Mons Nebo, quo feruntur cibi. (느보산. 그곳으로 음식이 전달되다.)	
C. Sedet Christus, prandet; Ministrant Angeli. (그리스도께서 앉아서 드시다. 천사들이 섬기다.)	
	見行紀卷二第二章. (『언행기략』 제2권 제2장을 보라.)

알레니는 나달의 본문을 문자 그대로 번역하지 않고 자유롭게 풀이했다. 일부 해설은 『언행기략』의 어구와 표현을 사용하기도 했지만(밑줄 친 부분), 대체로 『언행기략』에 의존하지 않고 자유롭게 해설을 달았다.

Ⅶ. 시각 이미지의 변용

나달의 『복음서 도해집』은 『출상경해』 뿐만 아니라 다 로카 신부(Giovanni da Rocha, 1565-1623)의 『송염주규정』(誦念珠規程, 1620)에 수록된 그림과 요한 아담 샬 폰 벨(Johann Adam Schall von Bell S.J., 1592-1666)의 『진정서상』(進呈書像, 1640)의 일부 그림의 저본이 되었다. 따라서 『출상경해』를 『송염주규정』과 『진정서상』과 비교하면 그 특징이 더 분명히 드러날 것이다.

A. 『천주강생출상경해』와 『송염주규정』 및 『진정서상』의 비교

『송염주규정』은 '로사리오 기도' 방법을 한문으로 해설한 교본으로, 이 기도는 환희의 신비, 고통의 신비, 영광의 신비로 구분되고 각 신비마다 5개의 묵상 주제, 따라서 모두 15개의 묵상 주제로 이루어진다. 『송염주규정』에는 마지막 주제인 성모 대관만 제외하고 각 주제에 하나씩 모두 14개의 목판 그림이 수록되어 있다. 이 14개의 그림은 모두 나달의 『복음서 도해집』의 도해를 저본으로 하며, 『출상경해』에서도 모두 발견된다.[19]

『진정서상』은 아담 샬이 1640년 9월 8일에 명나라 마지막 황제인 숭정제(崇禎帝, 1628-1644년 통치)에게 진상한 양피지 소책자에 그려진 채색세밀화의 한문 목판화이다. 이 채색세밀화는 원래 바바리아 공작인 막시밀리안 1세(1597-1651년 통치)가 중국 황제에게 헌정하는 선물로 1617년에 만들어져서 중국에 도착했지만 1640년에야 황제에게 진상되었다. 아담 샬은 그로부터 몇

19 이 14개의 도해는 수태고지(도해 4[1]), 성모의 엘리사벳 방문(도해 5[2]), 성탄(도해 6[3]), 성전 봉헌(도해 9[6]), 박사들과 토론(도해 10[7]), 겟세마네 기도(도해 43[107]), 채찍 맞으심(도해 45[121]), 가시관 쓰심(도해 46[122]),, 십자가 지심(도해 47[126]), 십자가에 달려 죽으심(도해 48[130]), 부활(도해 51[134]), 승천(도해 54[148]), 성령 강림(도해 55[149]), 성모 승천(도해 56[151-152])이다(도해 번호는 『출상경해』의 도해를 나타내며, [ ]안에는 『복음서 도해집』의 도해 번호이다).

달 후에 이 채색세밀화를 목판으로 새기고, 라틴어에서 한문으로 해설을 번역하여 별도의 책으로 『진정서상』을 만들었다. 『진정서상』에는 모두 48개의 도해가 수록되어 있는데, 예수의 생애는 수태고지(도해 4)에서 승천(도해 48)까지 다뤄져 있다.[20] 그중에서 나달의 도해를 저본으로 한 것은 9개이다.[21]

『송염주규정』, 『출상경해』, 『진정서상』의 비교, 나달의 『복음서 도해집』과의 관계 등은 흥미로운 연구 주제이지만 여기서는 『복음서 도해집』을 저본으로 하고 세 개의 한문 도해집에 모두 나타나는 예수 승천 도해를 비교하여, 시각적 이미지와 문화와의 관계를 고찰하고 『출상경해』의 특징을 규명하고자 한다.

아래 네 그림은 나달의 동판화가 어떻게 중국 토양에서 목판화로 변용되었는지를 보여준다. 나달의 도해(그림 5)에 가장 가까운 도해는 알레니의 『출상경해』(그림 7)로, 구도는 물론 세부적인 사항까지 재현되었다. 다만 알레니는 중앙 우측에 건물을 추가했는데, 이는 예루살렘 성전을 나타낸 것이라고 보인다. 나달의 해설 F 항목에서 *Redeunt donum, & sunt assidue in templo, laudantes & benedicentes deum, quod non potuit exprimere imago*(사도들이 집으로 돌아가서, 늘 성전에 머무르며, 하나님을 찬양하고 송축하다. 이는 그림으로 표현될 수 없었다)라고 서술하고 있다. 이에 대해 알레니는 예루살렘에서 제자들이 하나님을 찬양하는 모습을 그려놓고, 무(戊) 항목에서 宗徒暫歸時, 聚聖堂讚頌主恩, 亟望耶穌所許聖神之降臨云(제자들이 오래지 않아 돌아가서는, 성전에 모여 주의 은혜를 찬송하고, 예수께서 허락하신 성령 강림을 몹시 바란다고 운운하였다)고 기록한다. 알레니는 한편으론 나달의 도해를 충실히 재현하면서도, 필요에

---

20 『진정서상』의 원본이 되는 채색세밀화는 남아있지 않다.

21 이 9개의 도해는 산상수훈(도해 17[알 20, 나 19]), 나인성 과부(도해 18[알 22, 나 28], 씨뿌리는 자(도해 19[알 25, 나 38]), 오병이어(도해 21[알 26, 나 41-43]), 바다를 걸으심(도해 22[알 27, 나 44]), 변화산(도해 23[알 30, 나 63]), 선한 사마리아인(도해 24[나 33]), 최후 심판(도해 29[알 40, 나 98-99]), 예수 승천(도해 48[알 54, 나 148]) 등이다.

따라, 특히 도해에서 표현하는 예수 사건을 이해하는 데 도움이 되도록 그림을 삽입했다고 여겨진다.[22]

반면 다 로카의 도해(그림 6)는 중국 문화를 가장 많이 차용했다. 『송염주규정』의 예수 승천 도해는 나달의 도해 전체 구도를 재현하면서도, 예수와 천사와 사람들의 얼굴, 머리, 구름, 나무, 산 모양에서는 중국 취향을 따라 묘사되었다. 다만 다 로카의 도해는 구름 위에 있는 예수와 천사, 성도의 묘사에서는 나달과 완전히 다르다. 나달의 도해에서는 구름 위에 18 천사들이 작게 그려져 예수를 둘러싸고 수많은 성도들과 나팔을 부는 성도들이 좌우에 그려져 있지만, 다 로카의 도해에서는 좌우에 세 천사씩 여섯 천사가 예수를 둘러싸고 있다. 여기서 나달은 천사들과 거룩한 영혼들이 승천하신 예수를 영접하는 장면을 나타내고자 했지만, 다 로카는 이 내용을 자세히 재현할 필요가 없다고 판단했던 것 같다.

나달의 저본에서 가장 자유로운 도해는 아담 샬의 도해(그림 8)이다. 여기서는 승천하신 예수와 이를 바라보는 제자들의 모습이 초점이 되었고, 다른 세부적인 요소는 모두 생략되었다. 그리하여 가운데 서서 승천을 알리는 두 천사와 예수를 둘러싼 모든 천사, 좌우에 서 있던 나무가 나타나지 않는다. 인물의 얼굴과 머리는 중국 취향을 따라 그려졌으며, 예수뿐만 아니라 모든 인물이 후광을 가지고 있는 점이 다른 세 도해와 구분된다. 『진정서상』의 해설에서는 승천하신 예수를 둘러싼 수많은 천사와 옛 성인들, 하늘에서 내려온 두 천사를 언급하지만, 도해에서는 표현되지 않았다. 『진정서상』의

22 승천하는 예수를 영접하는 장면에서 나달의 해설과 『출상경해』의 해설은 약간 다르다. 나달은 해설 항목 C에서 *Splendidissima exceptus nube ab oculis eorum eripitur, pompae Angelorum et animarum coniungunt sese plurimi Angeli e caelo, qui iubilo, & voce tubae venientem excipiunt* (그리스도는 찬란한 구름에 의해 영접되어 그들의 눈에서 사라지고, 찬사들과 영혼들의 행렬이 환호성과 나팔 소리로 오시는 이를 영접하는 수많은 하늘의 천사와 연합하다)라고 설명한다면, 알레니는 병(丙) 항목에서 白雲繞遮聖軀, 諸古聖靈靈魂同昇, 天神歌樂擁迓 (흰 구름이 거룩한 몸을 둘러 가리고, 모든 옛 성도의 영혼이 함께 오르니, 천사들이 노래하고 즐거워하며 안아서 맞이하다)라고 풀이한다.

저본이 되는 채색세밀화가 남아있지 않기 때문에, 『진정서상』의 도해가 원래의 그림인지, 아니면 아담 샬이 변용한 것인지 알 수는 없다. 하지만 나달의 도해와 비교할 때, 『진정서상』의 도해는 가장 자유롭게 예수 승천을 표현했다고 말할 수 있다.

그림 5 나달 도해 148 (예수 승천)

그림 6 다 로카 도해 13 (예수 승천)

그림 7 알레니 도해 54 (예수 승천)

그림 8 아담 샬 도해 48 (예수 승천)

B. 그림의 변용

알레니는 여러 도해를 합성하는 경우가 아니면 대체로 『복음서 도해집』의 그림을 충실히 재현했다. 그러나 향유를 부은 여인(도해 24)과 성모 대관(도해 57)은 다르다.

1. 향유를 부은 여인(도해 24, 赦悔罪婦)

알레니의 도해 24(그림 10)는 나달의 도해 34(그림 9)와 좌우가 반대로, 마치 거울로 본 것을 그리듯 그려졌다. 게다가 이 그림에선 『출상경해』에서 가끔 보이는 특징이 나타난다. 식탁보에 장식이 추가되었고 벽과 바닥에 격자무늬, 우측 하단의 단지에는 문양이 그려졌다.

그림 9 향유 부은 여인 (왼쪽: 나달 도해 34, 오른쪽: 알레니 도해 24)

이러한 특징은 세족(도해 41)과 성찬 제정(도해 42)에서도 분명하게 나타난다. 세족 도해에서는 나달의 도해(도해 101)를 바탕으로, 앉아 있는 인물들

뒤로 산수화를 그린 병풍이 추가되었으며, 상당의 아치나 바닥에는 격자무늬가 나오고, 우측 하단 단지에는 꽃무늬가 그려졌다(그림 10). 성찬 제정 도해도 마찬가지다(그림 11). 여기서는 인물 뒤의 배경이 원본과 다른데, 특히 중앙에 걸려 있는 장막의 무늬가 눈에 띄며, 바닥에는 격자무늬가 그려져 있다. 취이는 이러한 변화에 대하여, 많은 의미를 부여하고 있다. 하지만 이러한 장식이나 문양에 특별한 의미를 두긴 어렵다고 보인다. 취이가 주장하듯, 도해 24의 식탁보와 도해 42의 장막에 나타난 꽃무늬는 사회적 지위를 드러내고자 하는 의도는 아니다.[23] 이 무늬는 부자의 식탁(도해 33)뿐만 아니라, 나인성 과부의 아들(도해 22), 병들어 누워 있는 나사로(도해 35) 등에서도 발견되기 때문이다. 이러한 표현은 비어 있는 공간을 꾸미고자 하는 예술인의 행위라고 해석될 수 있다.

그림 10 세족 (왼쪽: 나달 도해 101, 오른쪽 알레니 도해 41)

23 Qu Yi, "Konfuzianische *Convenevolezza* in chinesischen christlichen Illustrationen. Das *Tianzhu jiangsheng chuxiang jingjie* von 1637," *Asiatische Studien Études Asiatiques* 66/4 (2012), 1022-1027.

그림 11 성찬 제정 (왼쪽: 나달 도해 102, 오른쪽: 알레니 도해 42)

알레니의 성찬 제정 도해에서 두드러진 점은 식탁 밑에 있는 개의 모습이다. 취이는 개가 추가된 것에 대해, 중국 회화 전통에서 나타나는 개의 이미지와 연관하여 그 의미를 해석하고자 시도하고 있다. 결론적으로 마지막 만찬장에서의 슬픔을 줄여주는 역할을 하고 있으며, 그리스도의 고난을 통해서 알게 될 평화를 떠올리게 한다는 것이다.[24] 그러나 개는『복음서 도해집』이나『출상경해』에서 흔히 발견되는 동물로 주로 시각장애인을 인도하는 친구로서, 식사와 잔치 자리에 많이 나타난다.[25] 또한 나달의 도해 102에는 개의 그림이 없다는 취이의 주장과는 달리, 식탁 밑에 숨어 있는 개의 꼬리를 발견할 수 있다(그림 12).

그림 12 개의 꼬리

24 Ibid., 1016-1021.

25 38년 된 중풍병자(도해 19[47]), 요한의 질문(도해 23[32]), 가나안 여인(도해 28[61]), 배냇 소경 (도해 31[57]), 부자와 나사로(도해 32-33[73-74]), 천국의 상급(도해 34[72]), 여리고 소경(도해 37[83]), 성찬제정(도해 42[102])을 보라.

2. 성모 대관(도해 57)

그림 13 성모 대관 (왼쪽: 나달 도해 153, 오른쪽: 알레니 도해 57)

향유 부은 여인(도해 24)과는 달리 성모 대관(도해 57)은 원본과는 다른 완전히 새로운 그림으로 그려졌다. 상단에는 성모가 성 삼위로부터 관을 받는 장면이, 하단에는 온 세계 사람들이 성모를 공경하는 장면이 나온다. 주목할 만한 것은 나달의 도해와는 달리, 좌측 하단에 머리나 얼굴이나 의복에서 중국인의 특징을 지닌 사람들이 나온다는 것이다(그림 13). 예루살렘 입성 그림(도해 38)에서도 아이들이 종려나무 가지를 들고 환호하는 장면이 나오는데, 이들은 명말 당시의 머리 모양을 보여준다(그림 14). 이

그림 14 예루살렘 입성
(왼쪽: 나달 도해 87, 오른쪽: 알레니 도해 38)

는 명백한 문화적 적응이라고 말할 수 있다.

성모 대관에 대한 알레니의 해설에서도 이러한 문화적 적응이 분명히 나타난다. 나달의 『복음서 도해집』에선 삼위일체로부터 관이 씌워지며 천사들과 사도들이 성모를 찬양하고 기뻐한다는 것이 강조되는 반면, 알레니는 선교적인 차원을 부각시켰다. 병(丙) 항목에선 諸國帝王士民祈望, 聖母爲萬世主保恩母(여러 나라 제왕과 백성들은 성모가 만세의 수호자요 은혜로운 어머니가 되기를 소망하다)하고 나오고, 정(丁) 항목에선 天下萬方恭建殿宇, 崇奉聖母, 受其種種恩庇(천하 만방이 공손히 성전 건물을 세우고 성모를 공경하고 받들어 온갖 은혜와 혜택을 받다)라고 나온다. 『출상경해』를 마치면서 알레니는 중국인을 비롯한 온 세계 백성이 성모를 공경하고 교회를 세우기를 바라는 자신의 소망을 표현하고 있는 듯하다.

Ⅷ. 나가는 말

『출상경해』는 복음서 본문 묵상을 돕는 도구로서 『언행기략』의 자매편으로 만들어졌다. 서양에서 복음서와 경상(經像)이 짝으로 있는 것처럼, 알레니는 『언행기략』과 함께 『출상경해』를 짝으로 중국인에게 소개했다. 하지만 비록 일부 『언행기략』의 표현이나 어구를 그대로 가져온 경우가 존재하지만, 전반적으로 『출상경해』는 『언행기략』에서 자유롭다.

기본적으로 『출상경해』는 나달의 『복음서 도해집』의 번역이라고 말할 수 있지만, 이를 있는 그대로 재현하기보다는 중국 선교의 상황에 맞게 간추려 번역했다. 알레니가 『복음서 도해집』에 대해 지닌 자유롭고 실용적인 태도는 여러 측면에서 나타난다. 나달이 예수의 생애와 성모의 공덕을 153개의 도해로 표현했다면, 알레니는 나달의 도해를 54개의 도해로 간추렸으며, 『복음서 도해집』에 없는 예루살렘 지도(도해 1)와 세례자 요한의 잉태(도해 3)를 추가했다. 더욱이 알레니는 나달의 여러 도해를 하나로 합성했으며 이 과정에서 그림과 해설을 변용시켰다. 성모 대관과 관련된 마지막 도해(도해 57)는 원본과는 다른 완전히 새로운 도해이며, 중국인들이 성모를 공경하는 장면이 그려져 있다. 마지막으로 『출상경해』는 『복음서 도해집』의 순서를 따르지 않고 『언행기략』이 기초한 코르넬리스 얀센의 조화복음서 순서를 따른다.

해설의 경우 알레니는 필요에 따라 지명과 구약 인용 등 세부 내용을 생략하기도 하고 좀 더 자세히 풀이하기도 한다. 이러한 차이는 기본적으로 예수의 생애와 구원과 관련된 내용을 중국인에게 더 잘 소개하려는 의도에서 나왔으며, 문화적 적응이란 요소는 드물게 나타난다. 시각적 이미지의 경우에도 꽃무늬 장식, 벽이나 바닥의 격자, 산수를 그린 병풍 등 『복음서 도해집』에 없는 요소가 일부 도해에서 나타난다. 그럼에도 『출상경해』는 『송염주규정』이나 『진정서상』보다 훨씬 더 나달의 원래 그림을 충실히 재현했다. 대부분의 도해는 구도는 물론 세밀한 부분에 이르기까지 나달의 그림을 그대로 모방하고 있다. 저본과의 차이는 일부 소수의 도해에서만 나타나며 문화적 적응도 제한적으로 나타난다고 말할 수 있다. 이러한 점에서 『출상경해』는 『복음서 도해집』의 충실한 번안이라고 말할 수 있다.

결론적으로 『출상경해』는 라틴어 도상과 해설의 한문화를 통해 서양 그리스도교의 핵심적 내용을 중국인과 소통하고 전수하려는 시도였다고 평가할 수 있다. 『천주실의』의 저술이나 과학 서적과 철학 서적의 번역이 그리스도교를 전파하는 우회적인 수단이었다고 한다면, 『출상경해』는 그리스도교 신앙의 중심 내용이 되는 예수 그리스도의 행적과 사상을 중국인에게 전달하려고 했다. 『출상경해』는 라틴 그리스도교 문화를 중국에 전수할 때 예수회 선교사들이 가졌던 실용적이고 창의적인 자세와 함께, 문화적 적응 내지 중국화보다는 서양의 문화를 충실하게 번역하고 전달하려는 양면적 성격을 보여준다. 이러한 양면적 성격은 17세기 동서 문화 교류를 이해하고 평가하는 중요한 틀이 될 수 있다. 『출상경해』 이외에도 이 시대 수많은 한문 전교서에 대한 폭넓은 연구는 명 · 청 시대의 가톨릭교회의 선교를 통해 이루어진 동서 교류의 성격과 면모를 더욱 분명하게 밝혀줄 것이다.

참고문헌

1차 자료

Aleni, Giulio. *Tianzhu jiangsheng chuxiang jingjie*『天主降生出像經解』. (1637). BSB Cod.Sin. 23; Bnf Chinois 6750.

Aleni, Giulio. *Tianzhu jiangsheng yanxing jilüe*『天主降生言行紀略』. (1635). Bnf Chinois 6709 & 6716.

Aleni, Giulio. *Tianzhu jiangsheng yanxing jixiang*『天主降生言行紀像』. Harvard University-Houghton Library 52-1049.

Aleni, Giulio.『艾儒略漢文著述全集』(*The Collection of Jules Aleni's Chinese Works*) 上 · 下册. 桂林: 廣西師範大學出版社, 2011.

Aleni, Giulio & Rudomina, Andrzej. *Kouduo Richao*『口鐸日抄』(1640). Bnf Chinois 7114.

da Rocha, Giovanni.『誦念珠規程』(1620). Bnf Chinois 6861 & 7382.

Jansenius, Cornelius. *Concordia Evangelica: in qua, praeterquam quod suo loco ponuntur quae evangelistae non servato recensent ordine, etiam nullius verbum aliquod omittitur* ... Antverpiae: Apud Iohannem Bellerum, 1558.

Nadal, Jerónimo. *Evangelicae historiae imagines: ex ordine euangeliorum, quae toto anno in missae sacrificio recitantur, in ordinem temporis vitae Christi digestae*. Antuerpiae: [Society of Jesus], 1593.

Nadal, Jerónimo. *Adnotationes et meditationes in Evangelia qvae in sacrosancto Missae sacrificio toto anno legvntur: cum Evangeliorvm concordantia historiae integritati sufficienti: accessit & index historiam ipsam euangelicam in ordinem temporis vitae Christi distribuens*. Antuerpiae: Excudebat Martinus Nutius, 1595.

Riccius, Bartholomaeus. *Vita D. N. Iesu Christi: Ex uerbis Euangeliorum in ipsismet cocinnata*. Romae: Apud Barthol. Zanettum, 1607.

Schall von Bell, Johann Adam. *Jincheng shu xiang*『進呈書像』(1640). Bnf Chinois 6757 & 7276.

Standaert, Nicolaus. *An Illustrated Life of Christ Presented to the Chinese Emperor*. Monumenta Serica Monograph Series 59. Sankt Augustin: Institut Monumenta Serica, 2007.

von Sachsen, Ludolf. *Vita Christi a quatuor Evangeliis et scriptoribus orthodoxis concinnata*. Parisiis et Romae: Apud Victorem Palmé, 1865.

2차 자료

François, Wim. "Augustine and the Golden Age of Biblical Scholarship in Louvain (1550-1650)." In *Shaping the Bible in the Reformation: Books, Scholars and Their Readers in the Sixteenth Century*, ed. Bruce Gordon & Matthew McLean, 235-289. Library of the Written Word 20. Leiden: Brill, 2012.

Qu, Yi. "Konfuzianische Convenevolezza in chinesischen christlichen Illustrationen. Das *Tianzhu jiangsheng chuxiang jingjie* von 1637." *Asiatische Studien Études Asiatiques* 66/4 (2012), 1001-1029.

Shin, Junhyoung Michel. "The Reception of *Evangelicae Historiae Imagines* in Late Ming China: Visualizing Holy Topography in Jesuit Spirituality and Pure Land Buddhism." *Sixteenth Century Journal* 11/2 (2009), 303-333.

Standaert, Nicolaus. "Ignatian Visual Meditation in Seventeenth-Century China." In *Meditation and Culture: The Interplay of Practice and Context*, ed. Halvor Eifring, 24-35. London: Bloomsbury, 2015.

김호동. 『동방 기독교와 동서문명』. 서울: 까치글방, 2002.

박완식 편역. 『한문 문체의 이해』. 전주: 전주대학교 출판부, 2001.

박형신. "근대중국 개신교선교의 가톨릭선교와의 차별화 전략: '성서의 종교.'" 『한국교회사학회지』 42 (2015), 63-95.

배요한. "『수신영약』에 관한 연구-제주 지역의 천주교와 토착종교의 만남이라는 관점에서." 『장신논단』 46/4 (2014), 449-475.

배요한. "정하상의 『상재상서』에 관한 연구-헌종대 『척사윤음』과의 비교를 중심으로." 『장신논단』 46/1 (2014), 211-239.

배요한. "유교의 조상 제사관에 관한 고찰." 『장신논단』 45/4 (2013), 405-431.

배요한. "정약종의 〈주교요지〉에 관한 연구." 『장신논단』 44/4 (2012), 443-468.

서원모, 곽문석. "17세기 초 예수회 선교사의 복음서 한문 번역 연구: 『天主降生言行紀略』과 『天主降生聖經直解』와 『天主降生出像經解』를 중심으로." 『장신논단』 49/2 (2017), 115-157.

서원모, 정안덕. "그리스도교와 동아시아 문화--당대의 경교와 명청대 천주교를 중심으로." 『문화 신학 교회』 소망신학포럼 8. 서울: 장로회신학대학교출판부, 2010.

설충수. "성경 'God'의 중문 번역 속에 나타난 정통성 논쟁-The Chinese Recorder를 중심으로-." 『한국교회사학회지』 38 (2014), 217-246.

윤인복. "16~17세기 중국의 선교(宣教)미술: 마테오 리치의 활동시기를 중심으로." 『미술사학』 26 (2012), 65-96.

장로회신학대학교 교회사연구부 편. 『동아시아 기독교와 전교문헌 연구』. 서울: 장로회신학대학교 기독교사상과문화연구원, 2012.

조한건. "『셩경직히광익』 研究." 서강대학교 박사학위논문, 2011.

조화선. "『셩경직히』의 연구,' 『한국교회사논총: 최석우신부화갑기념』. 서울: 한국교회사연구소, 1982.

한정희. "명 말기에 전래된 기독교 미술과 그 양상." 『明清史研究』 35 (2011), 253-284.

황정욱. 『예루살렘에서 장안까지: 그리스도교의 唐 전래와 景教 문헌과 유물에 나타난 중국 종교의 영향에 대한 연구』. 오산: 한신대학교 출판부, 2005.

황지연. "중국어 성경 번역의 역사--개신교 성경 번역본을 중심으로--." 『중국학논총』 38 (2012), 65-89.

『천주강생출상경해』 판본 비교

BSB(1637)	Bnf(1637)	H(1640)
01 大秦如德亞國協露撒稜都城當 天主降生時圖	**02**	
02 天主降生聖像	**01**	**02**
03 聖若翰先天主而孕	03	**01**
04 聖母領上主降孕之報	04	03
05 聖母往顧依撒伯爾	05	04
06 天主耶穌降誕	06	05
07 遵古禮命名	07	06
08 三王來朝耶穌	08	07
09 聖母獻耶穌于聖殿	09	08
10 耶穌十二齡講道	10	09
11 耶穌四旬嚴齋退魔誘	11	10
12 大聖若翰屢證耶穌為天主	12	11
13 婚筵示異	13	12
14 凈都城聖殿	14	13
15 西加汲水化衆	15	14
16 救伯鐸羅妻母病瘧	16	15
17 渡海止風	17	**18**
18 起癱証赦	18	x
19 起三十八年之癱	19	**24**
20 山中聖訓	20	**16**
21 救武官之病僕	21	x
22 納嬰起寡嫠之殤子	22	**17**
23 若翰遣徒詢主	23	19
24 赦悔罪婦	24	20
25 播種喻	25	21
26 五餅二魚餉五千人	26	22
27 耶穌步海	27	23
28 底落聖蹟	28	**26**
29 預告宗徒受難諸端	29	**33**

BSB(1637)	Bnf(1637)	H(1640)
30 大博山中顯聖容	30	**<u>27</u>**
31 胎瞽得明證主	31	**<u>25</u>**
32 貧富生時異景	32	29
33 貧善富惡死後殊報	33	30
34 天賞喩	34	**<u>28</u>**
35 伯大尼亞邑起死者於墓	35	31
36 異學妬謀耶穌	36	32
37 葉禮閣開三矇	37	34
38 入都城發嘆	38	35
39 以宴論天國諭異端昧主	39	36
40 世界終盡降臨審判生死	40	**<u>38</u>**
41 濯足垂訓	41	**<u>37</u>**
42 立聖體大禮	42	39
43 囿中祈禱汗血	43	40
44 耶穌一言仆衆	44	41
45 繫鞭苦辱	**<u>46</u>**	42
46 被加莿冠苦辱	**<u>45</u>**	**<u>44</u>**
47 負十字架登山	47	**<u>43</u>**
48 耶穌被釘靈蹟疊現	48	45
49 耶穌聖魂降臨地獄	49	x
50 文武二仕殮嵳耶穌	50	x
51 耶穌復活	51	46
52 耶穌復活現慰聖母	52	x
53 耶穌將昇天施命	53	47
54 耶穌昇天	54	48
55 聖神降臨	55	49
56 聖母卒葬三日復活昇天	56	50
57 聖母端冕居諸神聖之上	57	51
58 耶穌受難聖堂帳幔自裂	x	x

제2부

천주강생출상경해의 번역

[出像經解, BSB, 引1a]

天主降生出像經解 引
천주강생출상경해 이끄는 말

粤昔 上主嘗預示降生救世之旨於古先知之聖。故從古帝王大聖, 獲聆眞傳者, 咸企望欲見, 而多未獲滿意也。逮其果降生于大秦[1]顯無數靈蹟, 代人贖罪死復活而昇天, 普天下諸國, 得聞聖敎好音, 亦無不願生同時, 以親睹聖容光輝也。于是圖畫聖像與其靈蹟, 時常寓目以稍慰其極[出像經解, BSB, 引1b]懷焉。

옛날 상주(上主)께서 내려오셔서 세상을 구원할 뜻을 일찍이 옛 선지 성인들에게 미리 보이셨다. 그러므로 옛 제왕과 위대한 성인(帝王·大聖)들로부터 참된 전함을 들은 이들이 모두 오심을 바라고 보고자 했으나, 많은 이들이 그 뜻을 다 이룰 수는 없었다. 마침내 그가 로마(大秦)에서 강생하셔서 무수한 신령한 이적을 나타내시고 사람의 죄를 대속하셔서 죽으셨다가 부활하여 하늘에 오르시게 되시니, 온 천하 나라가 거룩한 가르침과 복음(好音)을 듣고, 또한 동시대에 살면서 거룩한 얼굴의 광채를 직접 보고자 하지 않는 이가 없었다. 이에 성스러운 모습과 그 이적을 그려서 자주 보면서 그에게 품은 그리움을 조금이나마 위로하곤 하였다.

吾西土有 天主降生巓末四部, 當代四聖所記錄者, 復有銅板細鏤, 吾 主降

1 大秦: 로마 제국을 의미한다. 『천주강생출상경해』에는 라틴어 "Roma"(로마)의 음역인 "羅瑪"를 그대로 사용하기도 한다(圖解 36, 46).

生聖蹟之圖數百餘幅。余不敏嘗敬譯降生事理於言行紀中, 玆復倣西刻經像, 圖繪其要端, 欲人覽之如親炙吾主見其所言所行之無二也。中有繪出於言行紀所未載者, 葢更詳聖傳中別記悉繪之以見其全也。

우리 서쪽 땅에는 당대의 4대 성인이 기록한 천주께서 강생하신 전말에 대한 4권의 책이 있으며, 또다시 동판에 자세히 새긴, 우리 주께서 강생하신 거룩한 이적의 그림 수백 여 폭도 있다. 내가 비록 영리하지 못하나 일찍이 『천주강생언행기략』 가운데 강생하신 일의 이치를 삼가 번역하고, 이것을 다시 서방에서 만든 글과 그림(經像)을 모방하여 그 중요한 부분을 그려서, 우리 주께서 말씀하시고 행하신 것이 일치함을 사람들이 친히 배운 것(親炙) 같이 보기를 원했다. 그 가운데에는 『천주강생언행기략』에 싣지 않은 것을 그려낸 것이 있는데, 거룩한 전승 가운데 따로 적은 것을 다시 상세히 고찰하고 그것을 다 그려서 온전함을 보였다.

至於形容無形之物, 俾如目覩, [出像經解, BSB, 引2a]則繪法所窮, 是以或擬其德而摹之, 或取其曩所顯示者而像之, 如 天主罷德肋[2]與斯彼利多三多[3]本爲純神超出萬相, 然繪罷德肋借高年尊長之形者摹其無始無終至尊無對之德也。繪斯彼利多三多取鴿形者, 葢吾 主耶穌受洗於若翰時 天主聖神[4]嘗借鴿形【鴿爲百鳥最善又最相和愛, 故藉此以指聖神至善而至愛人之意】顯示其頂故也。若天神[5]亦[出像經解, BSB, 引2b]爲無形之靈, 第其德不衰不老, 則以少年容貌擬之, 神速如飛, 則以肩生兩翅擬之, 淸潔無染, 則以手持花枝擬之, 凡如此類義

2 罷德肋: 라틴어 “Pater”(아버지 혹은 聖父)을 어근으로 하는 유럽어의 음역이다.

3 斯彼利多三多: 라틴어“Spiritus Sanctus”(聖靈 혹은 聖神)를 어근으로 하는 유럽어의 음역이다.

4 聖神: 라틴어 “Spiritus Sanctus”(성령)의 번역어이다.

5 天神: 라틴어 “Angelus”(천사)의 번역어이다.

各有歸總, 非虛加粉飾以爲觀美而已。

무형의 사물을 형용하여서 마치 눈으로 본 것처럼 하려면, 그림을 그릴 방법이 없기 때문에, 혹 그 덕에 비겨서 모사하고, 혹은 예전에 드러나신 바를 취하여 그것을 형상화하였다. 이를테면 천주 아버지와 성령은 본래 순전한 영(純神)이셔서 모든 것을 초월하지만, 아버지는 나이 많은 어른의 형상을 빌려 그의 시작과 끝이 없고 지극히 존귀하고 범접할 수 없는 덕을 묘사하였다. 성령은 비둘기의 형상을 취하여 그렸으니, 우리 주 예수께서 요한에게 세례를 받으실 때 천주의 거룩한 신이 일찍이 비둘기의 형상을 빌려【비둘기는 모든 새 가운데 가장 착하고 또 서로 화평하고 사랑하기 때문에, 비둘기를 빌려서 성령(聖神)의 지극히 선하고 사람을 사랑하는 뜻을 나타내었다.】 그 정수리에 나타나 보였다. 천사(天神) 또한 무형의 영이니, 그의 능력이 쇠하거나 늙지 않으므로 소년의 용모로써 본뜨며, 영이 날아가는 것 같이 빠르므로 어깨에 양 날개가 달려있는 것으로써 본뜨며, 그 티 없는 순결함이 손에 꽃가지를 드는 것으로써 본뜨니, 이러한 종류의 본뜸은 모두가 근거가 있어서 거짓되게 꾸며서 겉으로만 아름답게 보이려고 하는 것은 아니다.

顧 天主無窮聖蹟, 豈筆墨所能繪其萬一, 而玆數端又不過依中匠刻法所及翻刻西經中十分之一也。學者, 繇形下之跡, 以探乎形上之神, 繇目覩所已及併會乎[出像經解, BSB, 引3a]目覩所未及, 默默存想, 當有不待披卷而恒與造物遊者, 神而明之, 是則存乎其人已。

바라건대 천주의 무궁한 거룩한 행적을 어찌 붓과 먹으로 만에 하나라도 그릴 수 있겠는가마는, 이 몇 가지는 중국 장인의 각법이 미치는 바에 의지하여 서쪽 경전 가운데 10분의 1을 번각한 것에 불과하다. 배우는 이(學者)들은 형이하의 행적으로 말미암아 형이상의 영을 탐구하고, 눈으로 이미 본 것으로 말미암아 눈에 미치지 않는 것을 또한 이해하니, 묵상하면 마땅히 책을 펼치지 않아도 항상 조물주와 더불어 즐김이 있으니, 신령하게 깨닫는 것, 이는 곧 그 사람에게 달려있을 따름이다.

旹
天主降生後一千六百三十七年
大明崇禎丁丑歲二月既望
遠西耶穌會士艾儒畧敬識。

때는
천주 강생 후 1637년
명 숭정 정축년 2월 16일
먼 서쪽 예수회 선교사 애유략 삼가 씀.

[出像經解, BSB, 引3b]遵教規凡譯經典三次看詳方允付梓。
耶穌會中同學 瞿西滿, 陽瑪諾, 聶伯多 仝訂。
晉江景教堂繡梓。

교회의 규례를 따라 무릇 경전을 번역하고 세 차례 살펴 허락을 받아 간행하다.
예수회 동학 구서만, 양마락, 섭백다가 함께 바로잡다.
진강경교당 간행.

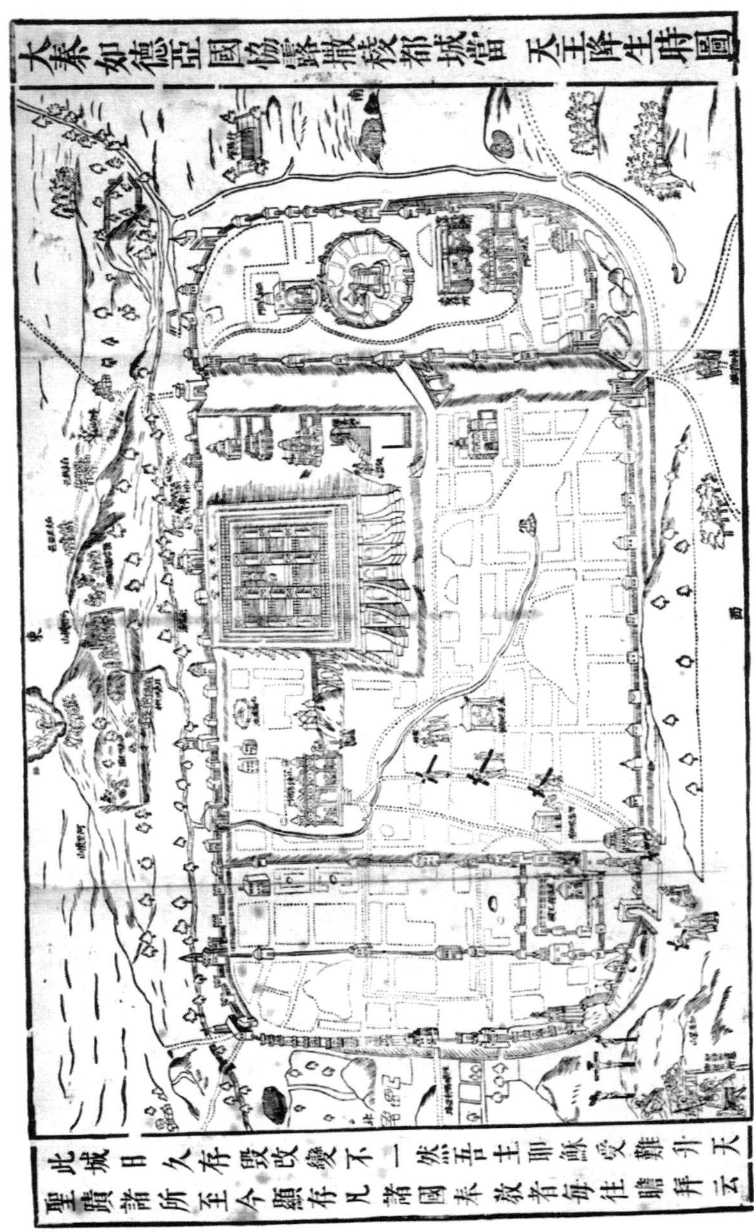
大秦如德亞國協露撒稜都城當 天主降生時圖
此城日久存毀改變不一然吾主耶穌受難升天
聖賢諸所至今顯存凡諸國奉教者每往瞻拜云

天主降生出像經解 圖解

01

[出像經解, BSB, 1ab]

大秦如德亞[1]國協露撒稜[2]都城當 天主降生時圖
천주 강생하실 때
로마 제국 유대 나라 예루살렘 도성의 모습

此城日久, 存毁改變, 不一。然吾主耶穌, 受難昇天[3]聖蹟諸所, 至今顯存, 凡諸國奉敎者, 每往瞻拜云。

이 도성은 세월이 흘러 훼손되고 고쳐지고 변하여 예전 같지가 않다. 그러나 우리 주 예수님의 수난, 승천, 성스러운 사적의 여러 장소가 지금까지도 뚜렷이 남아 있어서, 여러 나라의 교회를 섬기는 사람들이 늘 가서 우러러 예배한다고 한다.

1 如德亞: 라틴어 “Iudaea”(유대)을 어근으로 하는 유럽어의 음역이다.

2 協路撒稜: 라틴어 “Hierosolyma”(예루살렘)를 어근으로 하는 유럽어의 음역이다.

3 昇天: 라틴어 “Ascensio”(승천)의 번역어이다.

天主降生聖像
諸神瞻仰聖容四聖記錄靈蹟
聖史瑪竇
聖史瑪爾谷
聖史路加
立天地之主宰
肇人物之根宗
推之于前無始
引之于後無終
彌六合兮無間
超庶類兮非同
本無形之可擬
乃降生之遺容
顯神化以溥愛
昭勸懲以大公
位至尊而無上
理微妙而無窮

02

[出像經解, BSB, 2a]

天主降生聖像

諸神瞻仰聖容四聖記錄靈蹟

천주 강생하신 성스러운 모습

여러 천사들은 성스런 모습을 우러러 바라보고 네 성인은 신령한 이적을 기록하다

立天地之主宰, 肇人物之根宗。推之于前無始, 引之于後無終。彌六合[4]兮無間, 超庶類兮非同。本無形之可擬, 乃降生之遺容。顯神化以溥愛, 昭勸懲以大公。位至尊而無上, 理微妙而無窮。

聖史瑪竇。聖史路加。聖史若望。聖史瑪爾諤。

천지를 세운 주재자이시고 인간과 만물을 창시한 근본이시다. 앞으로 거슬러 가도 시작이 없으시고 뒤로 끌어도 끝이 없으시다. 천지 사방에 두루 미쳐서 틈이 없고, 흔한 일반의 종류를 초월하니 동류가 없으시다. 본래 가늠할 형체가 없으나, 강생하여 모습을 남기시다. 신령한 교화를 나타내되 사랑을 널리 베풂으로 하시고, 권선징악을 밝히되 공명정대하게 하시다. 지위가 지극히 존귀하여 위에 있는 것이 없으시고 이치가 미묘하니 다함이 없으시다.

복음서 기자 마태, 복음서 기자 누가, 복음서 기자 요한, 복음서 기자 마가.

4 六合: 하늘과 땅과 동서남북을 가리키는 말이며, 중국 당(唐) 현종(玄宗)의 명으로 서견(徐堅) 등이 편찬한 유서(類書)인 『초학기』(初學記)에 인용된 <찬요(纂要)>에 전한다.

聖若翰先天主而孕
甲大秦如德亞國都城內供奉天主古殿
乙雜嘉禮亞司祭內堂焚香
丙嘉俾厄爾天神現于臺右報知大主允其夙願雖老必生聖子當名若翰爲天主前驅
丁衆人外堂瞻禮仰候
戊雜嘉禮亞出堂舌結不能言但指畫示意
見行紀首章

03

[出像經解, BSB, 2b]

聖若翰先天主而孕

세례자 요한이 천주보다 앞서 잉태되다

甲. 大秦, 如德亞國, 都城內, 供奉天主古殿。

乙. 雜嘉禮亞[5]司祭, 內堂焚香。

丙. 嘉俾阨爾[6]天神, 現于臺右。報知大主, 允其夙願, 雖老必生聖子。當名若翰, 爲天主前驅。

丁. 衆人外堂瞻禮仰候。

戊. 雜嘉禮亞出堂, 舌結不能言, 但指畫示意。

見行紀首章。

갑. 로마 제국 유대 나라 예루살렘 도성 안에 있는 천주를 공경하며 섬겼던 옛 성전.

을. 사가랴 제사장이 성소에서 분향하다.

병. 가브리엘 천사가 향단 우편에 나타나 알리다. “대주(大主)께서 그 오랜 숙원을 응락하셨으니, 비록 늙었으나 반드시 성스러운 아들을 낳으리라. 마땅히 이름을 요한이라 할 것이니, 그가 천주의 인도자가 되리라.”

정. 여러 사람이 성소 밖에서 예배하며 우러러 기다리다.

무. 사가랴가 성전을 나왔는데 혀가 굳어서 말을 못하고 다만 손가락으로 그려 의사를 표시하다.

『천주강생언행기략』(天主降生言行紀略) 제1권 제1장을 보라.

---

5 雜嘉禮亞: 라틴어 “Zaccharia”(사가랴)을 어근으로 하는 유럽어의 음역이다.

6 嘉俾阨爾: 라틴어 “Gabriel”(가브리엘)을 어근으로 하는 유럽어의 음역이다.

ANNVNCIATIO.

Luc. i.

1
cvij

A. *Conuentus Angelorum, vbi declarat Deus Incarnationem Christi, & designatur Gabriel legatus.*	E. *Ingreditur Angelus ad Mariam Virginem; eam salutat; assentitur Maria: fit Deus homo, & ipsa Mater Dei.*
B. *Veniens Nazareth Gabriel, sibi ex aëre corpus accommodat.*	F. *Creatio hominis, quo die Deus factus est homo.*
C. *Nubes è cælo, vnde radij ad Mariam Virginem pertinent.*	G. *Eadem die Christus moritur, vt homo perditus recreetur.*
D. *Cubiculum, quod visitur Laureti in agro Piceno, vbi est Maria.*	H. *Piè credi potest, Angelum missum in Limbum, ad Christi incarnationem Patribus nunciandam.*

聖母領上主降孕之報

甲天神聚會 主前
恭聞降生之旨嘉
俾厄爾尊神受命
下界報知 聖母
乙嘉俾厄爾降世精
氣顯像
丙從天雲光照聖母
丁聖母居室今現存
極西老勒多郡
戊天神朝聖母傳上
主之旨聖母允命
天主費略降孕
己造物主初生人類
與降孕之期先後
同日
庚天主受難救世之
期亦先後同日
辛降孕日必有天神
報知在靈薄諸古
聖人云卷一第章

ANNUNCIATIO
수태고지

Luc. i 눅 1장

1 cvii 도해 1 (107)

A. Conventus Angelorum, ubi declarat Deus Incarnationem Christi, et designatur Gabriel legatus.
B. Veniens Nazareth Gabriel, sibi ex aere corpus accommodat.
C. Nubes e caelo, unde radii ad Mariam Virginem pertinent.
D. Cubiculum, quod visitur Laureti in agro Piceno, ubi est Maria.
E. Ingreditur Angelus ad Mariam Virginem; eam salutat; assentitur Maria; fit Deus homo, et ipsa Mater Dei.
F. Creatio hominis, quo die Deus factus est homo.
G. Eadem die Christus mortitur, ut homo perditus recreetur.
H. Pie credi potest, Angelum missum in Limbum, ad Christi incarnationem Patribus nunciandam.

A. 천사들의 모임. 여기서 하나님이 그리스도의 성육신을 알리시고, 가브리엘이 사절로 임명되다.
B. 가브리엘이 나사렛에 올 때 기(氣)[1]로부터 몸을 입다.

1 상공의 영기(靈氣), 즉 에테르(aether)를 의미하는 것으로 보인다.

04

[出像經解, BSB, 3a]

聖母領上主降孕之報
성모가 상주(上主)의 강잉 소식을 듣다

甲. 天神聚會主前, 恭聞降生之旨。嘉俾厄爾尊神, 受命下界, 報知聖母。
乙. 嘉俾厄爾降世, 藉氣[7]顯像[8]。
丙. 從天雲光照聖母。
丁. 聖母居室, 今現存極西老勒多[9]郡。
戊. 天神朝聖母, 傳上主之旨。聖母允命天主費略[10]降孕。
己. 造物主, 初生人類, 與降孕之期, 先後同日。
庚. 天主受難救世之期, 亦先後同日。
辛. 降孕日, 必有天神報知, 在靈薄[11]諸古聖人云。

卷一第二章。

갑. 천사들이 주 앞에 모여서 공손하게 강생의 뜻을 듣는다. 가브리엘 대천사는 명을 받고 세상에 내려와 성모에게 알리다.
을. 가브리엘이 세상에 내려와 기(氣)를 빌려 형상을 나타내다.

---

7 氣: 라틴어 "aer"(공기)의 번역이다.

8 藉氣懸像: 『천주강생언행기략』은 천사의 현현에 대해 다음과 같이 설명한다. "天神靈明之體, 本無形像, 欲傳主命, 乃借氣成形, 以便顯見言語者。事畢, 其形卽散"(천사는 영의 몸이며, 본래 형상이 없지만, 주의 지시를 전하고자 할 때, 氣를 빌려 모습을 만들어 말하는 자가 나타나 보이게 하며, 일이 끝나면 그 형상이 곧 사라진다)(『천주강생언행기략』 1.1).

9 老勒多: "Laureto"(로레토)의 음역이다.

10 費略: 라틴어 "Filius"(아들 혹은 성자聖子)를 어근으로 하는 유럽어의 음역이다.

11 靈薄: 라틴어 "Limbus"(림보)를 어근으로 하는 유럽어의 음역이다. 명·청대에 "古聖所"라는 번역어가 사용되었다. 『天主降生出像經解』는 다른 음역 "靈薄"도 사용하고 있다. 또한 "Limbus Patrum"(조상들의 림보)의 번역어로 "古聖人暫候所", "古聖安所", "古聖" 혹은 "首重地獄"을 사용하고 있으며, "Limbus infantium"(유아들의 림보)의 번역어로 "二重地獄"을 사용하고 있다.

C. 하늘의 구름으로부터 빛이 동정녀 마리아에게 이르다.

D. 마리아가 있는 침실. 그것을 피케네의 로레토[2]에서 볼 수 있다.

E. 천사가 동정녀 마리아에게 다가가서 그녀에게 인사하다. 마리아는 하나님이 인간이 되시고, 자신이 하나님의 어머니가 되는 것을 받아들이다.

F. 인간의 창조. 그날에 하나님이 인간이 되시다.

G. 같은 날에 그리스도께서 죽으시다. 이는 타락한 인간이 재창조되도록 하기 위함이다.

H. 그리스도의 성육신을 조상들에게 알리기 위해 천사가 림보에 보내졌다는 것이 경건함으로 믿어질 수 있다.

---

2 Laureto(로레토): 마리아가 태어난 나사렛 집의 일부 곧 지상 부분의 담벼락으로 추정되는 부분이 옮겨져 있다고 알려진 이탈리아의 로레토 성당(Basilica di Loreto)을 의미한다.

병. 하늘로부터 구름 속의 빛이 성모를 비추다.

정. 성모가 거하시는 방은 오늘날 서양의 로레토 마을에 현존한다.

무. 천사가 성모에게 문안하며, 상주(上主)의 뜻을 전하다. 성모는 명을 받고 천주이신 아들이 내려와 잉태되시다.

기. 조물주가 처음에 인류를 만드신 것은 강잉(降孕)의 시기와 같은 날이다.

경. 천주께서 수난을 겪고 세상을 구원하는 시기 역시 같은 날이다.

신. 강잉일에 천사가 림보에 있는 모든 옛 성인들에게 이를 알렸음이 확실하다.

『천주강생언행기략』 제1권 제2장을 보라.

IN DIE VISITATIONIS.

Luc. i. 2 cxlix

A. *Nazareth, vbi repræsentatur Annuntiatio, post quam Virgo Mater statuit Elisabetham inuisere.*
B. *Iter habet Maria festinanter cum Ioseph ad montana Iudææ.*
C. *Domus Zachariæ in tribu Iuda in montibus.*
D. *Ad quam cum peruenisset Maria festinauit ad Elisabeth.*
E. *Sedula illi Anus occurrit, sed eam tamen prior salutat Maria.*
F. *Audita Matris Dei salutatione, ecce exultat in vtero Elisabeth Filius, & repletur Spiritu sancto Mater, & prædicat Mariæ diuina encomia.*
G. *Zacharias & Ioseph laudant Deum.*
H. *Nascitur Ioannes.*
I. *Post eius ortum, redit Nazareth Maria Virgo Mater cum Ioseph.*

聖母往顧依撒伯爾
甲
乙
丙
辛
庚
巳
戊
丁
甲聖母因天神之報
知依撒伯年老蒙
恩懷孕思往顧之
乙聖母同若瑟速行
三日路程之如德
亞山中
丙雜嘉禮亞居室
丁聖母一見依撒伯
便爲稱賀
戊依撒伯聞聖母言
覺胎中子踴躍母
子被蒲聖神稱讚
聖母
巳雜嘉禮亞與若瑟
相接俱讚天主
庚依撒伯誕生大聖
若翰
辛聖母同居三閱月
後歸本鄉
見行紀卷一四章

IN DIE VISITATIONIS

(마리아) 방문의 날

Luc. i 눅 1장

2 cxlix 도해 2 (149)

A. Nazareth, ubi repraesentatur Annuntiatio, post quam Virgo Mater statuit Elisabetham invisere.

B. Iter habet Maria festinanter cum Ioseph ad montana Iudaeae.

C. Domus Zachariae in tribu Iuda in montibus.

D. Ad quam cum pervenisset Maria festinavit ad Elisabeth.

E. Sedula illi Anus occurrit, sed eam tamen prior salutat Maria.

F. Audita Matris Dei salutatione, ecce exultat in utero Elisabeth Filius, et repletur Spiritu Sancto Mater, et praedicat Mariae divina encomia.

G. Zacharias et Ioseph laudant Deum.

H. Nascitur Ioannes.

I. Post eius ortum, redit Nazareth Maria Virgo Mater cum Ioseph.

A. 수태고지가 일어난 나사렛. 그 후에 동정녀 어머니가 엘리사벳을 방문하려고 마음먹다.

B. 마리아가 요셉과 함께 유대 산지로 서둘러 가다.

C. 산지에 있는 유다 지파 사가랴의 집.

D. 마리아는 그 집에 도착하여 서둘러 엘리사벳에게 가다.

E. 열심 있는 연로한 여인이 그녀에게 달려 나오지만, 마리아가 먼저 인사하다.

F. 하나님의 어머니의 문안을 듣자, 보라 엘리사벳의 태중에서 아들이 뛰고, 어머니 엘리사벳은 성령으로 충만하여 마리아에게 신성한 축복을 선언한다.

G. 사가랴와 요셉이 하나님을 찬양하다.

05

[出像經解, BSB, 3b]

聖母往顧依撒伯爾[12]

성모가 엘리사벳을 방문하다

甲. 聖母, 因天神之報知, 依撒伯爾年老, 蒙恩懷孕, 思往顧之。

乙. 聖母, 同若瑟[13], 速行三日路程之如德亞山中。

丙. 雜嘉禮亞居室。

丁. 聖母一見依撒伯爾, 便爲稱讚。

戊. 依撒伯爾聞聖母言, 覺胎中子踊躍, 母子被滿聖神, 稱讚聖母。

己. 雜嘉禮亞與若瑟, 相接俱讚天主。

庚. 依撒伯爾誕生大聖若翰[14]。

辛. 聖母同居三閒月後, 歸本鄕。

見行紀卷一四章。

갑. 천사가 엘리사벳이 늙었어도 은혜를 입어 임신하였다고 알린 까닭에, 성모가 그녀를 방문하려고 생각하다.

을. 성모가 요셉과 더불어 3일 거리의 유대 산중으로 서둘러 가다.

병. 사가랴의 집.

정. 성모가 엘리사벳을 보고 곧 칭송하다.

무. 엘리사벳은 성모의 말씀을 듣고 태중의 아들이 뛰노는 것을 느끼다. 어머니와 아들이 성령 충만함을 입어 성모를 칭송하다.

기. 사가랴와 요셉이 서로 잇따라 모두 천주를 찬양하다.

---

12 依撒伯爾: 라틴어 “Elisabeth”(엘리사벳)을 어근으로 하는 유럽어의 음역이다.

13 若瑟: 라틴어 “Ioseph”(요셉)을 어근으로 하는 유럽어의 음역이다.

14 若翰: 라틴어 “Iohannes”(요한)를 어근으로 하는 유럽어의 음역이다. 『天主降生出像經解』는 제자 요한의 음역으로는 “若望”을 사용하고 있다.

H. 요한이 태어나다.

I. 그의 탄생 후 동정녀 어머니 마리아는 요셉과 함께 나사렛으로 돌아가다.

경. 엘리사벳이 대성인 요한을 낳다.
신. 성모가 3개월 동거한 뒤 고향으로 돌아가다.

『천주강생언행기략』 제1권 제4장을 보라.

IN NOCTE NATALIS DOMINI.

Natiuitas Chriſti. 3 v

Luc. ij. Anno i.

A. *Bethlehem ciuitas Dauid.*
B. *Forum vbi ſoluitur tributum.*
C. *Spelunca, vbi natus eſt Chriſtus.*
D. IESVS *recens natus, ante Præſepe humi in fœno iacens; quem pannis Virgo Mater inuoluit.*
E. *Angeli adorant Puerum natum.*
F. *Ad Præſepe bos & aſinus nouo lumine commoti.*
G. *Lux è Chriſto nato fugat tenebras noctis.*
H. *Turris Heder, ideſt gregis.*
I. *Paſtores ad turrim cum gregibus.*
K. *Angelus apparet Paſtoribus, & cum eo Militia cæleſtis exercitus.*
L. *Angelus, qui pie creditur miſsus in Limbum ad Patres nuncius.*
M. *Stella & Angelus ad Magos miſsi, eos primum ad iter impellunt.*

天主耶穌降誕

甲白稜郡即達味古
王原籍
乙上冊籍公所
丙茅屋耶穌降生處
丁耶穌初生童母襁
褓之置於馬槽間
戊天神群聚朝主并
空中作樂讚誦
己牛驢在前見光俯
伏認主
庚耶穌聖體射光子
夜如晝
辛牧童郊外守夜蒙
天神報知降生大
恩即夜忻往叩謁
壬是夜天神亦必受
命報於古聖
癸大星顯見三王動
心來朝
見行紀卷一第七章

IN NOCTE NATALIS DOMINI

주님 탄생의 밤에

Nativitas Christi

그리스도의 탄생

Luc. ii 눅 2장

Anno i. 3 v 1세 도해 3 (5)

A. Bethlehem civitas David.

B. Forum ubi solvitur tributum.

C. Spelunca, ubi natus est Christus.

D. IESUS recens natus, ante Praesepe humi in foeno iacens; quem pannis Virgo Mater involuit.

E. Angeli adorant Puerum natum.

F. Ad Praesepe bos et asinus novo lumine commoti.

G. Lux e Christo nato fugat tenebras noctis.

H. Turris Heder, idest gregis.

I. Pastores ad turrim cum gregibus.

K. Angelus apparet Pastoribus, et cum eo Militia caelestis exercitus.

L. Angelus, qui pie creditur missus in Limbum ad Patres nuncius.

M. Stella et Angelus ad Magos missi, eos primum ad iter impellunt.

A. 다윗의 도시 베들레헴.

B. 세금을 거두는 광장.

C. 그리스도께서 태어나신 동굴[3].

D. 갓 태어난 예수께서 마구간 앞 맨땅 건초에 누워 계시고, 동정녀 어머니가 그를 포대기로 감싸다.

E. 천사들이 태어난 아이를 경배하다.

---

3 Spelunca(동굴): 그리스도께서 동굴에서 태어나셨다는 초대 교회 전승이 있다.

06

[出像經解, BSB, 4a]

天主耶穌降誕

천주 예수께서 탄생하시다

甲. 白稜[15]郡, 卽達味[16]古王原籍。

乙. 上冊籍公所。

丙. 茅屋耶穌降生處。

丁. 耶穌初生, 童女襁褓之, 置於馬槽間。

戊. 天神群聚朝主, 幷空中作樂讚誦。

己. 牛驢在前見光, 俯伏認主。

庚. 耶穌聖體射光, 子夜如晝。

辛. 牧童郊外守夜, 蒙天神報知降生大恩, 卽夜炘往叩謁。

壬. 是夜, 天神亦必受命報於古聖。

癸. 大星顯見, 三王[17]動心來朝。

見行紀卷一第七章。

갑. 베들레헴 고을은 바로 옛 왕 다윗의 원적지이다.

을. 호적을 올리는 곳.

병. 초가집으로 예수께서 강생하신 곳이다.

정. 예수께서 처음에 태어나시자, 동정녀는 그를 강보에 싸서 말구유에 두다.

무. 천사의 무리가 모여 주께 인사하고, 아울러 공중에서 음악을 연주하고 찬송하다.

---

15 白稜: 라틴어 “Bethlehem”(베들레헴)를 어근으로 하는 유럽어의 음역이다.

16 達味: 라틴어 “David”(다윗)를 어근으로 하는 유럽어의 음역이다.

17 三王: 라틴어 “Magus”(마구스)의 번역이며, “동방박사”라고 알려져 있다. 이들이 동방의 페르시아에서 온 세 명의 왕이었다는 고대 전승이 전해진다.

F. 마구간에서 소와 나귀가 처음 보는 빛에 동요되다.

G. 태어나신 그리스도에게서 나온 빛이 밤의 어두움을 쫓다.

H. 에델 망대[4] 곧 양 떼의 망대.

I. 망대 곁에 양 떼와 함께 있는 목자들.

K. 천사가 목자들에게 나타나다. 천사와 함께 하늘의 군대도 나타나다.

L. 천사, 그가 조상들에게 소식을 전하려고 림보로 보내진 것이 경건하게 믿어진다.

M. 별과 천사가 동방박사들[5]에게 보내져서 그들이 먼저 길을 나서도록 자극하다.

---

4 Turris Heder(에델 망대): 창세기 35:21을 참조하라.

5 magus(동방박사): '현자' 또는 '현인'을 의미하는 용어다. 라틴어 성경 마태복음 2장 1절의 'magus ab oriente'에 따라, 현대 한글 성경에서는 '동방박사'라고 번역되고 있다.

기. 소와 나귀가 앞에 비치는 빛을 보고 엎드려 주를 알아보다.
경. 예수의 거룩한 몸에서 빛이 비치니 밤이 낮과 같다.
신. 목동이 마을밖에서 밤을 지키다가 천사가 강생의 소식을 알리는 큰 은혜를 입고 곧 밤에 기뻐하며 뵈러 가다.
임. 이날 밤에 천사가 고성소에도 소식을 전하라는 확실한 분부를 받다.
계. 큰 별이 나타나자 세 왕은 마음이 움직여 찾아가서 경배하다.

『천주강생언행기략』 제1권 제7장을 보라.

CIRCVNCISIO CHRISTI. 5

Luc. ij. Anno i. vij

A. *Synagoga, siue locus, vbi circunciditur* IESVS.
B. *Sacerdos cum cæremonijs circuncisionis.*
C. *Virgo Mater dolet de vulnere filij. Dolet Ioseph.*
D. *Pueri subseruientes.*
E. *Stella & Angelus viam Magis demonstrant.*
F. *Nomen* IESV; *quod adorant.*
G. *Angeli.*
H. *Mortales.*
I. *Animæ Patrum è limbo, & quæ in Purgatorio.*
K. *Maria sinu fouens filium, redit cum Ioseph.*

遵古禮命名
IHS
甲
乙
丙
丁
戊
巳
庚
辛
甲行禮堂所
乙司教者行圍割
禮命名耶穌譯
言救世者
丙聖母與若瑟痛
耶穌之傷
丁童子執事
戊天神進與星示
三王之路
巳耶穌聖名爲天
神所崇奉
庚世人跪奉聖名
辛古聖靈魂在靈
薄及煉罪處俱
仰聖名
壬聖母謹懷耶穌
與若瑟同歸
見行紀卷九章

CIRCUNCISIO CHRISTI

그리스도의 할례

Luc. ii 눅 2장

Anno i. 5 vii 1세 도해 5 (7)

A. Synagoga, sive locus, ubi circunciditur IESUS.

B. Sacerdos cum caeremoniis circuncisionis.

C. Virgo Mater dolet de vulnere filii. Dolet Ioseph.

D. Pueri subservientes.

E. Stella et Angelus viam Magis demonstrant.

F. Nomen IESU. quod adorant.

G. Angeli.

H. Mortales.

I. Animae Patrum e limbo, et quae in Purgatorio.

K. Maria sinu fovens filium, redit cum Ioseph.

A. 회당 혹은 예수께서 할례를 받으신 장소.

B. 할례 예식을 하는 제사장.

C. 동정녀 어머니가 아들의 상처에 대해 고통스러워하다. 요셉도 고통스러워하다.

D. 옆에서 돕는 아이들.

E. 별과 천사가 동방박사들에게 길을 알려주다.

F. 이름 예수. 그들이 그 이름을 칭송하다.

07

[出像經解, BSB, 4b]

遵古禮命名
오랜 전례를 따라 이름을 짓다

甲. 行禮堂所。[18]

乙. 司教者[19], 行圖割禮[20]。命名耶穌, 譯言救世者。

丙. 聖母與若瑟, 痛耶穌之傷。

丁. 童子執事。

戊. 天神運異星, 示三王之路。

己. 耶穌聖名, 爲天神所崇奉。

庚. 世人跪奉聖名。

辛. 古聖靈魂, 在靈簿及煉罪處[21], 俱仰聖名。

壬. 聖母, 謹懷耶穌, 與若瑟同歸。

見行紀卷一九章。

갑. 예식을 행하는 회당.

을. 제사장이 할례를 행하려 한다. 예수라 이름하였는데, 번역하면 '세상을 구원할 자'이다.

병. 성모와 요셉이 예수의 상처에 고통스러워하다.

정. 일을 돕는 소년들.

무. 천사가 특별한 별을 운행하여 세 왕이 갈 길을 보이다.

기. 예수의 성스러운 이름이 천사에 의해 떠받들어지다.

---

18 堂所: 라틴어 "Synagoga"(회당)의 번역어이다.

19 司教者: 라틴어 "Sacerdos"(사제)의 번역어이다.

20 割禮: 라틴어 "Circuncisio"(할례)의 번역어이다.

21 煉罪處: 라틴어 "Purgatorium"(연옥)의 번역어이다. 『天主降生出像經解』는 "煉罪獄"이라는 용어도 사용하고 있다.

G. 천사들.

H. 죽음을 면치 못할 인간들.

I. 림보에 있는 조상들의 영들과 연옥에 있는 영들.

K. 마리아가 아들을 품에 안고 요셉과 함께 돌아오다.

경. 세상 사람들이 성스러운 이름을 무릎꿇고 받들다.
신. 옛 성인의 영혼이 림보와 연옥에서 모두 성스러운 이름을 우러르다.
임. 성모가 삼가 예수를 품고 요셉과 함께 돌아가다.

『천주강생언행기략』 제1권 제9장을 보라.

ADORATIO MAGORVM.

Matth. ij. *Anno i.* 7 ix

A. *Bethlehem, quo iter habent Magi.*
B. *Stella os tendit vbi IESVS erat.*
C. *Magi Bethlehem ingressi; extra vrbem enim illos opportuit describere, quemadmodum reliqua, vt essent conspicua.*
D. *Maria sola cum Puero ad os speluncæ.*
E. *Bos & asinus ad Præsepe.*
F. *Primus Rex IESVM adorat, & offert tria munera.*
G. *Alter se comparat ad adorationem, & munera totidem in promptu habet.*
H. *Tertius sua parans dona venerabundus expectat.*
I. *Aulici omnes similiter eminus adorant.*
K. *Magi alia via domum reuertuntur.*
L. *Christi baptismus ad Bethabaram.*
M. *Nuptiæ in Cana Galilææ.*

三王來朝耶穌

甲白稜郡城
乙異星至此捏光而
止以示耶穌所在
丙三王入城復詣主
前行禮
丁聖母抱耶穌在茅
屋中
戊首王跪朝耶穌貢
獻三事不勝瞻注
己第二王備禮以覲
庚第三王亦備朝禮
辛陪隨諸臣遠望拜
禮
壬三王蒙天主指示
別途歸國
癸耶穌受洗先後同
日
子耶穌婚筵示異亦
同是日
見行紀卷一十章

ADORATIO MAGORUM

동방박사들의 경배

Matth. ii 마 2장

Anno i. 7 ix 1세 도해 7 (9)

A. Bethlehem, quo iter habent Magi.

B. Stella ostendit ubi IESUS erat.

C. Magi Bethlehem ingressi: extra urbem enim illos opportuit describere, quemadmodum reliqua, ut essent conspicua.

D. Maria sola cum Puero ad os speluncae.

E. Bos et asinus ad Praesepe.

F. Primus Rex IESUM adorat, et offert tria munera.

G. Alter se comparat ad adorationem, et munera totidem in promptu habet.

H. Tertius sua parans dona venerabundus expectat.

I. Aulici omnes similiter eminus adorant.

K. Magi alia via donum revertuntur.

L. Christi baptismus ad Bethabaram.

M. Nuptiae in Cana Galilaeae.

A. 베들레헴. 그곳을 향해 동방박사들이 여행을 떠나다.

B. 별이 예수께서 어디에 있는지 알려주다.

C. 동방박사들이 베들레헴으로 들어가다. 도시 밖에서 일어난 다른 모든 일이 얼마나 놀라운지를 그들이 설명할 필요가 있었기 때문이다.

D. 마리아가 홀로 아이와 함께 동굴의 입구에 있다.

E. 마구간의 황소와 나귀.

F. 첫째 왕이 예수께 경배하고, 세 가지 예물을 드리다.

08

[出像經解, BSB, 5a]

三主來朝耶穌

세 왕이 예수를 뵈러 오다

甲. 白稜郡城。

乙. 異星至此, 搖光而止, 以示耶穌所在。

丙. 三王入城, 復詣主前行禮。

丁. 聖母抱耶穌在茅屋中。

戊. 首王跪朝耶穌, 貢獻三事, 不勝瞻注。

己. 第二王, 備禮以覲。

庚. 第三王, 亦備朝禮。

辛. 陪隨諸臣, 遠望拜禮。

壬. 三王蒙天主指示, 別途歸國。

癸. 耶穌受洗[22]先後同日。

子. 耶穌婚筵示異, 亦同時日。

見行紀卷一十章。

갑. 베들레헴성.

을. 특별한 별이 여기에 이르러 빛을 발하며 멈추어서 예수의 계신 곳을 보이다.

병. 세 왕이 성에 들어와 다시 주 앞에 이르러 예를 갖추다.

정. 성모가 예수를 안고 초가집 가운데 있다.

무. 첫째 왕이 예수께 무릎 꿇어 뵙고 세 가지 예물을 바치며 더할 수 없이 경배하다.

22 洗: 라틴어 "Baptismus"(세례)의 번역어이다. 『天主降生出像經解』는 "聖洗"(영세)라는 용어도 사용하고 있다.

G. 둘째 왕도 경배하려고 준비하고, 같은 수의 선물을 마련하다.

H. 셋째 왕도 자기의 선물을 준비하면서 경외의 마음으로 지켜보다.

I. 마찬가지로 모든 궁정 시종들이 멀리서 경배하다.

K. 동방박사들이 다른 길로 집에 돌아가다.

L. 베다바라[6]에서 받으신 그리스도의 세례.

M. 갈릴리 가나의 혼인 잔치.

---

6 Bethabara(베다바라): 베다니의 다른 이름이다.

기. 둘째 왕이 예를 갖추어 뵙다.
경. 셋째 왕 역시 예를 갖추어 뵙다.
신. 수행하는 여러 신하들이 멀리서 바라보며 예를 갖추다.
임. 세 왕은 천주의 지시를 받아서 다른 길로 귀국하다.
계. 예수께서 세례를 받으신 날도 역시 이 날이다.
자. 예수께서 혼인잔치에서 이적을 보이신 날도 역시 이 날이다.

『천주강생언행기략』 제1권 제10장을 보라.

PVRIFICATIO. 8

Luc. i. Anno i. xx

A. Templum cum atrijs.
B. Simeon venit in templum.
C. Anna prophetissa prodit.
D. Ad introitum secundi atrij, procedunt obuiam Christo, Mariæ, & Ioseph.
E. Incipit Anna pijs hominibus de Christo loqui.
F.G.H. Procedunt versus sanctuarium, & atrium Sacerdotum.
I. Perueniunt omnes ad portam atrij primi. Hinc Maria & Ioseph, illinc Sacerdotes et Leuitæ. Fiunt oblationes.
K. Hic rursus confitetur Domino Anna, & de Christo loquitur.
L. Virgo Mater cum Puero, & Ioseph in Galilæam reuertitur.

聖母獻耶穌于聖殿

甲[illegible]
乙西默盎進堂
丙亞納先知者盎至
丁二位恭迎吾主與聖母
戊亞納于諸信者發明耶穌之事
己大衆同入內堂
庚聖母與若瑟盡禮奉獻
辛西默盎懷抱耶穌大愜夙願祝頌不已
壬亞納向衆再言耶穌之事
癸聖母懷耶穌與若瑟同歸
見行紀卷二十二章

PURIFICATIO
정결 예식

Luc. I 눅 1장

Anno i. 8 xx 1세 도해 8 (20)

A. Templum cum atriis.
B. Simeon venit in templum.
C. Anna prophetissa prodit.
D. Ad introitum secundi atrii, procedunt obviam Christo, Mariae, et Ioseph.
E. Incipit Anna piis hominibus de Christo loqui.
F. G. H. Procedunt versus sanctuarium, et atrium Sacerdotum.
I. Perveniunt omnes ad portam atrii primi. Hinc Maria et Ioseph, illinc Sacerdotes et Levitae. Fiunt oblationes.
K. Hic rursus confitetur Domino Anna, et de Christo loquitur.
L. Virgo Mater cum Puero, et Ioseph in Galilaeam revertitur.

A. 안뜰이 있는 성전.
B. 시므온이 성전으로 들어오다.
C. 여선지자 안나가 나아오다.
D. 둘째 뜰 입구로 그들이 그리스도와 마리아와 요셉을 맞으러 나오다.
E. 안나가 경건한 사람들에게 그리스도에 대해 말하기 시작하다.

09

[出像經解, BSB, 5b]

聖母獻耶穌于聖殿

성모가 예수를 성전에 바치다

甲. 聖殿[23]與諸廊廡。

乙. 西默盎[24]進堂。[25]

丙. 亞納[26]先知者[27], 並至。

丁. 二位聖殿。恭迎吾主與聖母。

戊. 亞納于諸信者發明耶穌之事。

己. 大衆同入內堂。

庚. 聖母與若瑟, 盡禮奉獻。

辛. 西默盎懷抱耶穌, 大愜夙願祝頌不已。

壬. 亞納向衆, 再言耶穌之事。

癸. 聖母懷耶穌, 與若瑟同歸。

見行紀卷一十一章。

갑. 성전과 여러 회랑.

을. 시므온이 성전에 들어가다.

병. 안나 선지자가 함께 이르다.

정. 성전 둘째 뜰. 두 사람이 우리 주와 성모를 공손히 맞이하다.

무. 안나는 여러 신자들에게 예수의 일을 밝혀 말하다.

---

23 聖殿: 라틴어 "Templum"(성전)의 번역어이다. 『天主降生出像經解』는 "聖堂", "堂" 혹은 "殿堂"이라는 용어도 사용하고 있다.

24 西默盎: 라틴어 "Simeon"(시므온)을 어근으로 하는 유럽어의 음역이다.

25 堂: 라틴어 "Templum"(성전)의 번역어이다.

26 亞納: 라틴어 "Anna"(안나)를 어근으로 하는 유럽어의 음역이다.

27 先知者: 라틴어 "Propheta"(선지자; 여성형 prophetissa)의 번역어이다.

F. G. H. 사람들이 성소와 제사장의 뜰을 향해 나아오다.

I. 모든 사람들이 첫째 뜰 문에 이르다. 이쪽에는 마리아와 요셉이, 저쪽에는 제사장들과 레위인들이 있다. 예물이 드려지다.

K. 여기서 다시 안나가 주께 고백하고, 그리스도에 대해 말하다.

L. 아이와 함께 동정녀 어머니와 요셉이 갈릴리로 돌아가다.

기. 많은 사람들이 함께 성소로 들어가다.

경. 성모와 요셉이 예를 다하여 봉헌하다.

신. 시므온이 예수를 품에 안고, 숙원이 이루어짐을 크게 기뻐하여 찬미하기를 그치지 않다.

임. 안나는 여러 사람들에게 예수의 일을 다시 말하다.

계. 성모가 예수를 안고 요셉과 함께 돌아가다.

『천주강생언행기략』 제1권 제11장을 보라.

DOMINICA I. POST EPIPHANIAM

Cum doctoribus diſputat IESVS. 9

Luc. ij. Anno xij. x

A. IESVS *eleemoſynam petens, & accipiens.*
B. *Comitatus duo virorum & mulierum Hieroſolymis redeuntium.*
C. *Pagus, quo primo die perueniunt.*
D. *Ampla exedra, vbi Doctores diſputabant.*
E. *Diſſerit* IESVS *cum Doctoribus.*
F. *Maria & Ioſeph reuerſi, inueniunt* IESVM *in medio conſeſſu Doctorum.*
G. *Venit* IESVS *ad matrem, relictis Doctoribus.*
H. *Redeunt Nazareth, et erat ſubditus illis.*

耶穌十二齡講道

甲瞻禮畢男女別途而歸耶穌獨留堂中

乙歸者初日所至都邑

丙高臺學士論道之所

丁耶穌與學士問荅

戊聖母與若瑟覓耶穌旋都城乃見在高士坐中論道

巳耶穌別學士歸依聖母

庚同歸納匝勒郁致孝聖母與若瑟

見行紀卷十二章

DOMINICA I. POST EPIPHANIAM
주현절 후 제1주일
Cum doctribus disputat IESUS
예수께서 박사들과 논쟁하시다

Luc. ii 눅 2장

Anno xii. 9 x 12세 도해 9 (10)

A. IESUS eleemosynam petens, et accipiens.
B. Comitatus duo virorum et mulierum Hierosolymis redeuntium.
C. Pagus, quo primo die perveniunt.
D. Ampla exedra, ubi Doctores disputabant.
E. Disserit IESUS cum Doctoribus.
F. Maria et Ioseph reversi, inveniunt IESUM in medio consessu Doctorum.
G. Venit IESUS ad matrem, relictis Doctoribus.
H. Redeunt Nazareth, et erat subditus illis.

A. 자선을 요청하고 받으시는 예수.
B. 예루살렘에서 돌아오는 남자와 여자 두 무리.
C. 그들이 첫날에 도착한 마을.
D. 박사들이 논쟁했던 넓은 방.
E. 예수께서 박사들과 함께 토론하시다.
F. 마리아와 요셉이 되돌아와서 박사들의 모임 가운데 예수를 발견하다.
G. 예수께서 박사들을 떠나 어머니에게 오시다.
H. 그들이 나사렛으로 돌아오고, 예수께서는 그들에게 순종하시다.

10

[出像經解, BSB, 6a]

耶穌十二齡講道
예수께서 열두 살에 말씀을 논하시다

甲. 瞻禮畢, 男女別途而歸, 耶穌獨留堂中。
乙. 歸者初日所至郡邑。
丙. 高臺學士[28]論道之所。
丁. 耶穌與學士問答。
戊. 聖母與若瑟, 覓耶穌旋都城, 乃見在高士坐中論道。
己. 耶穌別學士, 歸依聖母。
庚. 同歸納匝勒[29]郡, 致孝聖母與若瑟。

見行紀卷一十二章。

갑. 예배를 마치고 남녀가 각기 다른 길로 돌아가고, 예수께서 홀로 성전에 남으시다.
을. 돌아가는 자가 첫날 도달한 고을.
병. 학자들이 말씀을 논하는 강단.
정. 예수와 학자들이 묻고 답하다.
무. 성모와 요셉이 예수를 찾아 도성을 둘러보고, 뛰어난 학자들과 앉아서 말씀을 논하고 있는 것을 보다.
기. 예수께서 학자들과 헤어져 성모에게로 돌아오시다.
경. 나사렛 마을로 함께 돌아가서 성모와 요셉에게 효를 다하시다.

『천주강생언행기략』 제1권 제12장을 보라.

---

28 學士: 라틴어 "Doctores"(박사들)의 번역어이다.
29 納匝勒: 라틴어 "Nazareth"(나사렛)을 어근으로 하는 유럽어의 음역이다.

DOMINICA I. QVADRAGESIMÆ.

Tentat Christum dæmon. 12

Matth. iiij. Mar. i. Luc. iiij. Anno xxx. xxv

A. IESV baptizato à Ioanne, & orante, Spiritus Sanctus columbæ specie descendit, & vox Patris auditur.	E. Versatur cum bestijs.
B. Statim in deserto à spiritu ducitur.	F. Princeps dæmonum adoritur IESVM prima tentatione; Si Filius Dei es, dic, &c.
C. Mons desertus ad fines Domim, vbi IESVS ieiunauit.	D. Respondet dæmoni IESVS; Non in solo pane, &c.
D. IESVS sedet esuriens, post quadraginta dierum ieiunium.	G. Spectant Angeli, & dæmones Luciferi & IESV certamen; eiusque exitum vehementer expectant.

耶穌四旬嚴齋退魔誘
甲若翰承命爲耶穌行洗
乙耶穌受洗默禱聖神借白鴿形見於耶穌之首
丙耶穌往深山嚴齋四旬而饑
丁邪魔顯像初誘耶穌以變石爲餌
戊魔引耶穌至聖堂之頂誘以躍空而下
己魔又引耶穌諸高山之巔誘以下拜誑許以天下之權
庚耶穌勝退三誘邪魔乃遁
辛魔退天神趨候進食
見行紀卷二第三章

EADEM DOMINICA I. QVADRAG.

Secunda, & tertia tentatio. 13

Eisdem capp. Anno xxx. xxvi

A. *Portat per aera dæmon* IESVM *Hierosolymam in templum.*
B. *Templum, & in hoc pinnacula, quasi alæ templi.*
C. *Statuit* IESVM *diabolus in supremo pinnaculo templi, & tentat iterum; Si Filius Dei es, mitte te, &c.*
D. *Respondet* IESVS, *Non tentabis, &c.*
E. *Rursus portat* IESVM *dæmon in montem excelsum valde.*
F. *Idest, in montem Nebo.*
G. *Et eius verticem Phasga, trans Iordanem.*
H. *Ibi tentat* IESVM *Tertio. Hæc omnia tibi dabo, &c. Respondet, Vade Sathana; scriptum est enim, &c.*
I. *Proripit se Sathan cum suis diabolis.*
K. *Christo triumphatori Sathanæ, Epinicion cœleste Angeli canunt.*

耶穌四旬嚴齋退魔誘
甲若翰於
行洗
乙耶穌受洗默禱聖
神借白鴿形見於
耶穌之首
丙耶穌往深山嚴齋
四旬而饑
丁邪魔顯像初誘耶
穌以變石爲餌
戊魔引耶穌至聖堂
之頂誘以躍空而
下
己魔又引耶穌踏高
山之巔誘以下拜
誰許以天下之權
庚耶穌勝退三誘邪
魔乃遁
辛魔退天神趨侯進
食
見行紀卷三第二章

EADEM DOMINICA I. QVADRAG.

Angeli ministrant Christo. 14

Eisdem capp. Anno xxx. xxvij

A. *Solenni pompa ferunt prandium Christo Angeli per aera.* B. *Mons Nebo, quo feruntur cibi.*	C. *Sedet Christus, prandet; Ministrant Angeli.*

耶穌四旬嚴齋退魔誘

甲若翰承命爲耶穌
行洗
乙耶穌受洗默禱聖
神借白鴿形見於
耶穌之首
丙耶穌往深山嚴齋
四旬而饑
丁邪魔顯像初誘耶
穌以變石爲餌
戊魔引耶穌至聖堂
之頂誘以躧空而
下
己魔又引耶穌登高
山之巔誘以下拜
詭許以天下之權
庚耶穌勝退三誘邪
魔乃遁
辛旣退天神趨侯進
食
見行紀卷二第三章

DOMINICA I. QUADRAGESIMAE

사순절 제1주일

Tentat Christum daemon

마귀가 그리스도를 시험하다

Matth. iiii, Mar. I, Luc. iiii 마 4장, 막 1장, 눅 4장

Anno xxx. 12 xxv 30세 도해 12 (25)

A. IESU baptizato a Ioanne, et orante, Spiritus Sanctus columbae specie descendit, et vox Patris auditur.

B. Statim in deserto a Spiritu ducitur.

C. Mons desertus ad fines Domim, ubi IESUS ieiunavit.

D. IESUS sedet esuriens, post quadraginta dierum ieiunium.

E. Versatur cum bestiis.

F. Princeps daemonium adoritur IESUM prima tentatione; Si Filius Dei es, dic, etc.

D. Respondet daemoni IESUS; Non in solo pane, etc.

G. Spectant Angeli; et daemones Luciferi et IESU certamen; eiusque exitum vehementer expectant.

A. 예수께서 요한에게 세례를 받으시고 기도하실 때, 성령이 비둘기 모양으로 내려오고 아버지의 음성이 들리다.

B. 그 즉시 성령에 의해 광야로 이끌리시다.

C. 돔밈[7] 경계 지역의 황량한 산. 여기서 예수께서 금식하시다.

D. 예수께서 40일 금식 후에 굶주린 채로 앉으시다.

E. 짐승들과 함께 거하시다.

F. 대장 마귀가 첫째 시험으로 예수를 공격하다. "네가 하나님의 아들이

7 Domim(돔밈): "Dommim"으로 표기되기도 하며(도해 33), 에베스담밈(Ephesdammim)의 담밈을 의미한다(사무엘상 17:1).

11

[出像經解, BSB, 6b]

耶穌四旬嚴齋退魔誘
예수께서 40일을 온전히 금식하고 마귀의 유혹을 물리치시다

甲. 若翰承命, 爲耶穌行洗。
乙. 耶穌受洗默禱, 聖神白鴿形見於耶穌之首。

丙. 耶穌往深山, 嚴齋四旬而饑。

丁. 邪魔顯像, 初誘耶穌, 以變石爲餌。

갑. 요한이 명을 받아 예수를 위해 세례를 행하다.
을. 예수께서 세례 받고 묵도하시니, 성령이 비둘기 모양으로 예수의 머리 위에 나타나다.

병. 예수께서 깊은 산에 가서 40일을 온전히 금식하고 굶주리시다.

정. 악한 마귀가 모습을 드러내 처음으로 예수를 유혹하여 돌을 변화시켜 떡이 되게 하라고 하다.

면, 말하라." 등등.

D. 예수께서 마귀에게 대답하시다. "떡으로만 살 것이 아니요." 등등.

G. 천사들이 루키페르[8]의 마귀들과 예수의 대결을 바라보다. 그들이 결말을 열렬히 기대하다.

EADEM DOMINICA I. QUADRAG.

사순절 제1주일

Secunda, et tertia tentatio

둘째, 셋째 시험

Eisdem capp. 마 4장, 막 1장, 눅 4장

Anno xxx. 13 xxvi 30세 도해 13 (26)

A. Portat per aera daemon IESUM Hierosolymam in templum.

B. Templum, et in hoc pinnacula, quasi alae templi.

C. Statuit IESUM diabolus in supermo pinnaculo templi, et tentat iterum; Si Filius Dei es, mitte te, etc.

D. Respondet IESUS, Non tentabis, etc.

E. Rursus portat IESUM daemon in montem excelsum valde.

F. Idest, in montem Nebo.

G. Et eius verticem Phasga, trans Iordanem.

H. Ibi tentat IESUM Tertio. Haec omnia tibi dabo, etc. Respondet, Vade Sathana Scriptum est enim, etc.

I. Proripit se Sathan cum suis diabolis.

K. Christo triumphatori Sathanae, Epinicion caeleste Angeli canunt.

---

8 Lucifer(루키페르): 일반적으로 '루시퍼'라고 알려진 타락한 천사를 말하며, 이사야 14:12에서는 "계명성"이라고 번역되었다.

戊. 魔引耶穌, 至聖堂之頂, 誘以踏空而下。

己. 魔又引耶穌, 踏高山之嶺, 誘以下拜, 誑許以天下之權。

庚. 耶穌勝退三誘, 邪魔乃遁。

A. 마귀가 예수를 공중을 통해 예루살렘 성전 안으로 데려가다.

B. 성전, 또한 그 꼭대기, 곧 성전의 측면.

C. 마귀가 예수를 성전 맨 꼭대기에 세우고 다시 시험하다. "네가 만일 하나님의 아들이면 뛰어내려라." 등등.

D. 예수께서 대답하시다. "시험하지 말라." 등등.

E. 다시 마귀가 예수를 지극히 높은 산으로 데려가다.

F. 곧 느보산[9]으로 데려가다.

G. 요단 건너편 느보산의 정상 비스가산[10].

H. 여기서 마귀가 예수를 세 번째로 시험하다. "이 모든 것을 네게 주리라." 등등. 예수께서 대답하시다. "사탄아 물러가라. 성경에 기록되었으되." 등등.

I. 사탄이 자신의 마귀들과 함께 물러가다.

K. 사탄을 이긴 자 그리스도에게 천사들이 하늘의 승전가를 부르다.

9 Nebo(느보산): 예수가 시험을 받으신 산이 느보산이라는 전승이 있다. 느보산에 대해서는 신명기 34:1-4를 참조하라.

10 Phasga(비스가산): 느보산의 세 봉우리 중 가장 높은 곳이 비스가산이다. 이에 대해서는 신명기 3:27을 참조하라.

戊. 마귀가 예수를 이끌고 성전 꼭대기에 이르러 허공을 밟고 내려가라고 유혹하다.

己. 마귀가 또 예수를 이끌고 높은 산꼭대기에 올라가서 절하면 천하권세를 주겠다고 망령되이 유혹하다.

庚. 예수께서 세 번 유혹을 물리쳐 이기시니 이에 사악한 마귀가 물러나다.

EADEM DOMINICA I. QUADRAG.

사순절 제1주일

Angeli ministrant Christo

천사들이 그리스도를 섬기다

Eisdem capp. 마 4장, 막 1장, 눅 4장

Anno xxx. 14 xxvii 30세 도해 14 (27)

A. Solemni pompa ferunt prandium Christo Angeli per aera.

B. Mons Nebo, quo feruntur cibi.

C. Sedet Christus, prandet; Ministrant Angeli.

A. 웅장한 행렬로 천사들이 공중에서 그리스도에게 음식을 나르다.

B. 느보산, 그곳으로 음식이 전달되다.

C. 그리스도께서 앉아서 드시다. 천사들이 섬기다.

辛. 魔退, 天神趨候進食。

見行紀卷二第二章。

신. 마귀가 물러나자 천사들이 찾아와 문안하고 음식을 바치다.

『천주강생언행기략』 제2권 제2장을 보라.

DOMINICA IIII. ADVENTVS.

Ioannes concionatur. 10

Matth. iij. Marc. i. Luc. iij. Ioan. i. Anno xxix. iiij

A. *Tyberius Cæsar.*
B. *Pontius Pilatus præses Iudææ.*
C. *Herodes Antipas Tetrarcha Galilææ.*
D. *Philippus Herodis frater Tetrarcha Ituraeæ, &c.*
E. *Lysanias Abilinæ Tetrarcha. Hi suas prouincias repræsentant et potentiam.*
F. *Duo summi Sacerdotes in templo.*
G. *Ioannes in deserto, & montanis Iudææ concionatur.*
H. *Concionatur deinde ad Bethabaram, siue Bethaniam trans Iordanem; & turbas ad bene & pie viuendum instituit.*

大聖若翰屢證耶穌爲天主

甲若翰初在山中衣駱駝毛苦修講道

乙復在若當河外爲衆洗心改圖認耶穌爲天主降世赦人罪者

丙如德亞各郡邑男婦士民出郊受訓

丁惟時如德亞國正統分裂爲四教法亦不出於一主此即古經所預言天主當降生之時也見行紀二卷三

DOMINICA IIII. ADVENTUS

대강절 제4주일

Ioannes concionatur

요한이 설교하다

Matth. iii, Marc. i, Luc. iii, Ioan. i 마 3장, 막 1장, 눅 3장, 요 1장

Anno xxix. 10 iiii 29세 도해 10 (4)

A. Tyberius Caesar.

B. Pontius Pilatus praeses Iudaeae.

C. Herodes Antipas Tetrarcha Galilaeae.

D. Philippus Herodis frater Tetrarcha Ituraeae, etc.

E. Lysanias Abilinae Tetrarcha. Hi suas provincias repraesentant et potentiam.

F. Duo summi Sacerdotes in templo.

G. Ioannes in deserto, et montanis Iudaeae concionatur.

H. Concionatur deinde ad Bethabaram, sive Bethaniam trans Iordanem; et turbas ad bene et pie vivendum instituit.

A. 디베료 가이사[11].

B. 유대 총독 본디오 빌라도.

C. 갈릴리의 분봉왕 헤롯 안디바.

D. 이두래의 분봉왕 헤롯의 동생 빌립 등.

E. 아빌레네의 분봉왕 루사니아. 이들은 자기들의 속주들과 권력을 대표한다.

F. 성전의 두 대제사장.

G. 요한이 광야와 유대 산중에서 설교하다.

11 로마의 제2대 황제인 티베리우스 율리우스 카이사르 아우구스투스이다.

12

[出像經解, BSB, 7a]

大聖若翰屢證耶穌爲天主
대성인 요한이 여러 차례 예수께서 천주이심을 증거하다

丁. 惟時, 如德亞國, 正統分裂爲四, 敎法亦不出於一主。此卽古經所預言, 天主當降生之時也。

甲. 若翰, 初在山中, 衣駱駝毛, 苦修講道。
乙. 復在若當[30]河外, 諭衆洗心改圖, 認耶穌, 爲天主降世赦人罪者。
丙. 如德亞各郡邑男婦士民出郊受訓。

見行紀二卷三。

정. 이때 유대 나라의 통치권(正統)이 넷으로 분열되고 교법 또한 한 대제사장(一主)에게서 나오지 않다. 이는 곧 구약에서 예언한 천주 강생의 때이다.
갑. 요한이 처음에 산에서 낙타털옷을 입고 고행하며 말씀을 강론하다.
을. 다음에는 요단 강 기슭에서 여러 사람에게 마음을 씻고 뜻을 돌이키라 선포하고, 예수께서 세상에 내려와 사람의 죄를 용서하시는 천주이심

30 若當: 라틴어 “Iordanis”(요단)을 어근으로 하는 유럽어의 음역이다. 『天主降生出像經解』는 “若而當”이라는 음역도 사용하고 있다.

H. 그 후에 그는 요단강 건너 베다바라 혹은 베다니에서 설교하고, 군중들에게 선하고 경건하게 살도록 가르치다.

을 깨우치다.

병. 유대 각 고을의 남자와 여자, 선비와 백성이 교외로 나가서 가르침을 받다.

『천주강생언행기략』 제2권 제3장을 보라.

DOMINICA II. POST EPIPHAN.

Nuptiæ ad Cana Galilææ. 15

Ioan. ij. Anno xxxi. xi

A. *Triclinium ornatum.*
B. *Mensa virorum, vbi Ioannes sponsus, & IESVS.*
C. *Mensa mulierum, vbi Sponsa.*
D. *Pincerna videt nihil esse vini reliquum.*
E. *Virgo Mater ad aurem significat IESV, defecisse vinum.*
F. *Famulus excurrit, vt faciat quæ IESVS imperarat.*
G. *Alij sunt soliciti.*
H. *Hauriunt aquam, & implent hydrias.*
I. *Architriclinus miratur vini bonitatem, &c.*

婚筵示異
甲筵客廳堂
乙外廳耶穌與諸
客同坐
丙內廳聖母與諸
女同坐
丁司席者覺酒之
戊聖母以酒罄私
告耶穌欲其顯
全能濟之復令
僕役俟命
己僕役亟行耶穌
之命汲水注滿
六罇
庚以吾主神能水
卽變爲旨酒
辛司席者向主人
奇其酒之美
壬諸弟子見耶穌
神能益加敬信
見行紀二卷五

DOMINICA II. POST EPIPHAN.

주현절 후 제2주일

Nuptiae ad Cana Galilaeae

갈릴리 가나 혼인 잔치

Ioan. ii 요 2장

Anno xxxi. 15 xi 31세 도해 15 (11)

A. Triclinium ornatum.

B. Mensa virorum, ubi Ioannes sponsus, et IESUS.

C. Mensa mulierum, ubi Sponsa.

D. Pincerna videt nihil esse vini reliquum.

E. Virgo Mater ad aurem significat IESU, defecisse vinum.

F. Famulus excurrit, ut faciat quae IESUS imperarat.

G. Alii sunt soliciti.

H. Hauriunt aquam, et implent hydrias.

I. Architriclinus miratur vini bonitatem, etc.

A. 잘 차려진 식당.

B. 남자들의 식탁. 여기에 계신 신랑 요한[12]과 예수.

C. 여인들의 식탁. 여기에 있는 신부.

D. 술 따르는 이가 포도주가 떨어진 것을 알아채다.

E. 동정녀 어머니가 예수께 포도주가 없다고 귓속말로 알리다.

F. 하인이 예수께서 명한 것을 행하려고 달려가다.

G. 다른 사람들이 걱정하다.

H. 물을 길어 항아리를 채우다.

I. 연회장이 좋은 포도주에 놀라니, 등등.

---

12 Ioannes Sponsus(신랑 요한): 토마스 아퀴나스 등의 중세 주석가들은 혼인 잔치의 신랑이 요한이라고 말하고 있다.

13

[出像經解, BSB, 7b]

婚筵示異

혼인 잔치에서 이적을 보이시다

甲. 筵客廳堂。

乙. 外廳, 耶穌, 與諸客同坐。

丙. 內廳, 聖母, 與諸女同坐。

丁. 司席者[31], 覺酒乏。

戊. 聖母, 以酒罄私告耶穌, 欲其顯全能濟之, 復令僕役俟命。

己. 僕役, 亟行耶穌之命, 汲水注滿六罈。

庚. 以吾主神能, 水卽變爲旨酒。

辛. 司席者, 向主人, 奇其酒之美。

壬. 諸弟子見耶穌神能益加敬信。

見行紀二卷五。

갑. 잔치 손님을 접대하는 큰 방.

을. 바깥 큰 방에 예수께서 여러 손님들과 함께 앉으시다.

병. 내실에 성모가 여러 여자들과 함께 앉다.

정. 연회장은 술이 부족함을 알게 되다.

무. 성모가 술이 떨어진 것을 예수께 은밀히 알리며 그가 전능하심을 드러내어 그 상황을 해결하기를 원하셨기에 일꾼에게도 분부를 기다리게 하다.

기. 일꾼들이 예수의 명을 속히 행하여 물을 길어 여섯 항아리에 부어 채우다.

경. 우리 주의 신령한 능력으로, 물이 즉시 맛있는 술로 변하다.

신. 연회장은 주인을 보고 술맛이 좋다고 놀라워하다.

31 司席者: 라틴어 “pincerna”(술 따르는 이)와 “Architriclinus”(연회장)의 번역어이다.

임. 여러 제자들은 예수의 신령한 능력을 보고 더욱 공경하고 믿게 되다.

『천주강생언행기략』 제2권 제5장을 보라.

FERIA II. POST DOMINICAM IIII. QVAD.
Eijcit primo vendentes de templo. 16
Ioan. ij. *Anno xxxi.* lvij

A. *Atrium tertium templi, vbi primo eijcit vendentes sub initia prædicationis: nam iterum post solennitatem palmarum idem fecit.* B. *Eijcit* IESVS *vendentes de templo, terrens flagello, quod in eos intendebat.*	C. *Permoti Iudæi petunt signum cur hæc faciat.* D. *Respondet* IESVS, *Soluite templum hoc, &c.* E. *Templum ædificatur sub Zorobabel & Iosedec, &c. Quia dixerant Iudæi, 46. annis ædificatum est, &c.*

淨都城聖殿
甲
乙
丙
戊
甲殿堂廊廡鄉人雜
沓貿易處
乙耶穌揮繩鞭逐諭
之曰安恐以吾父
之堂爲市哉
丙如德亞人因問耶
穌此權何證
丁耶穌曰若爾毀斯
殿我于三日間復
造之爲證
戊如德亞人謂古殿
閱四十六年始成
今安能毀而更成
以三日不悟耶穌
以殿喻其聖軀死
而三日復活也
見二卷六及六卷十

FERIA II. POST DOMINICAM IIII. QUAD.

사순절 제4주일 후 월요일

Eiicit primo vendentes de templo

예수께서 첫 번째로 장사하는 자들을 성전에서 내쫓으시다

Ioan. ii 요 2장

Anno xxxi. 16 lvii 도해 16 (57)

A. Atrium tertium templi, ubi primo eiicit vendentes sub initia praedicationis; nam iterum post solennitatem palmarum idem fecit.

B. Eiicit IESUS vendentes de templo, terrens flagello, quod in eos intendebat.

C. Permoti Iudaei petunt signum cur haec faciat.

D. Respondet IESUS, Solvite templum hoc, etc.

E. Templum aedificatur sub Zorobabel et Iosedec, etc. Quia dixerant Iudaei, 46. Annis aedificatum est, etc.

A. 성전의 셋째 뜰. 그곳에서 예수께서 선포를 시작하자마자 제일 먼저 장사하는 자들을 내쫓으시다. 종려 대축일 이후에 실로 또다시 같은 일을 행하시다.

B. 예수께서 장사하는 자들을 향해 채찍질로 위협하면서 성전에서 내쫓으시다.

C. 흥분한 유대인들이 왜 예수께서 이러한 일을 행하시는지 표적을 요구하다.

D. 예수가 대답하시다. "이 성전을 허물라." 등등.

E. 성전은 스룹바벨과 여호사닥 시대 등에 걸쳐 건축되고, 등등. 이런 이유로 유대인들은 성전이 46년 동안 지어졌다고 말했고, 등등.

14

[出像經解, BSB, 8a]

淨都城聖殿

도성의 성전을 정화하시다

甲. 殿堂廊廡, 鄕人雜沓貿易處。

乙. 耶穌揮繩鞭逐, 諭之曰, 安忍吾父之堂爲市哉。

丙. 如德亞人, 因問耶穌, 此權何證。

丁. 耶穌曰, 若爾毁斯殿, 我于三日間, 復造之爲證。

戊. 如德亞人爲古殿, 閱四十六年, 始成。今安能毁, 而更成以三日, 不悟, 耶穌以殿諭其聖軀死, 而三日復活也。

見二卷六及六卷十。

갑. 성전 회랑. 마을 사람들이 시끌벅적 거래하는 곳.

을. 예수께서 채찍을 휘둘러 그들을 쫓아내시고 "어찌 내 아버지의 성전이 시장이 되는 것을 참을 수 있겠는가?"라고 깨우쳐 말씀하시다.

병. 유대인들이 이로써 예수께 "이 권세가 무엇을 증거하는가?"라고 묻다.

정. 예수께서 "만약 네가 이 성전을 허물면 내가 사흘 안에 다시 지어 증거하리라"고 말씀하시다.

무. 유대인들이 옛 성전은 46년 걸려 비로소 완성했는데 지금 허물고 다시 짓는데 어떻게 사흘에 가능한가 라고 생각하다. 그들이 예수께서 성전을 들어 자신의 몸이 죽고 사흘 만에 부활하는 것을 비유하심을 깨닫지 못하다.

『천주강생언행기략』 제2권 제6장과 제6권 제10장을 보라.

FERIA VI. POST DOMIN. III. QVADRAG.

De Samaritana. 35

Ioannes iiij. Anno xxxij. li

A. *Samaria regio, vbi vrbs Samaria, seu Sebaste.*

B. *Sichem siue Sichar, nec procul hinc puteus Iacob.*

C. IESVS *fatigatus ex itinere, sedet sic super fontem.*

D. *Mulier veniens ad hauriendam aquam.*

E. *Hanc diuine Christus alloquitur.*

F. *Emunt in foro Sichar cibos Apostoli.*

G. *Redeunt: mirantur cur* IESVS *cum muliere loqueretur. Nemo tamen dixit, &c.*

甲西加城
乙耶穌行路身憊憩于近城井傍
丙汲水婦
丁耶穌以乞水之因乃施大訓于汲婦
戊宗徒入城取餉回訝耶穌與婦講論
己婦人受訓入城告衆
庚彼都人士出迎耶穌
辛耶穌進城居留二日受化者益衆
見行紀二卷八

EADEM FERIA.

De eadem Samaritana. 36

Eodem cap. Anno xxxij. lij

A. *Cum audiſſet à IESV Samaritana, Ego ſum Chriſtus; relicta hydria, currit in ciuitatem.*

B. *Narrat de IESV.*

C. *Præeunte muliere, tota ſe effundit Ciuitas ad IESVM.*

D. *Interea vrgent IESVM Apoſtoli, vt manducet.*

E. *Reſpondet, alium ſe cibum habere quem manducet.*

F. *Venit IESVS Sichar, & manſit ibi duos dies; Multo plures credunt quam antea.*

西加汲水化衆

甲西加城
乙耶穌行路身倦憩于近城井傍
丙汲水婦
丁耶穌以乞水之因乃施大訓于汲婦
戊宗徒入城取餉回訝耶穌與婦講論
己婦人受訓入城告衆
庚彼都人士出迎耶穌
辛耶穌進城居留二日受化者益衆
見行紀二卷八

FERIA VI. POST DOMIN. III. QUADRAG.

사순절 제3주일 후 금요일

De Samritana

사마리아 여인

Ioan. iiii 요 4장

Anno xxxii. 35 li 32세 도해 35 (51)

A. Samaria regio, ubi urbs Samaria, seu Sebaste.

B. Sichem sive Sichar, nec procul hinc puteus Iacob.

C. IESUS fatigatus ex itinere, sedet sic super fontem.

D. Mulier veniens ad hauriendam aquam.

E. Hanc divine Christus alloquitur.

F. Emunt in foro Sichar cibos Apostoli.

G. Redeunt; mirantur cur IESUS cum muliere loqueretur. Nemo tamen dixit, etc.

A. 사마리아 성이 있는 사마리아 지역 혹은 세바스테[13].

B. 세겜 혹은 수가. 야곱의 우물이 있는 곳에서 멀지 않다.

C. 예수께서 여행으로 피곤하여 이렇게 우물 위에 앉으시다.

D. 물을 길러 오는 여인.

E. 그리스도께서 이 여인과 영적으로 이야기하다.

F. 수가 성 장터에서 사도들이 먹을 것을 사다.

G. 그들은 돌아와서 예수께서 왜 여인과 이야기하는지 의아해하다. 그러나 어느 누구도 말하지 못하고, 등등.

---

13 Sebaste(세바스테): 헤롯 대왕이 사마리아를 세바스테라고 이름하였다. 세바스테는 '존경받을 만한 자'란 뜻을 가진 그리스어 σεβαστός의 여성형이다. 세바스토스는 아우구스투스 황제의 칭호였다.

15

[出像經解, BSB, 8b]

西加汲水化衆

수가성 물 긷는 곳에서 많은 사람들을 변화시키다

甲. 西加[32]城。

乙. 耶穌行路身憊, 憩于近城井傍。
丙. 汲水婦。
丁. 耶穌乞水之因, 乃施大訓于汲婦。
戊. 宗徒[33], 入城取餉回, 訝耶穌與婦講論。

갑. 수가성.

을. 예수께서 길을 가다 몸이 피곤하여, 성 가까이 우물가에서 쉬시다.
병. 물을 긷는 여인.
정. 예수께서 물을 청하신 까닭은 물 긷는 여인에게 큰 가르침을 베푸시기 위함이다.
무. 제자들이 성에 들어가 음식을 가지고 돌아와서 예수께서 여인과 더불어 강론하시는 것에 놀라다.

32 西加: 라틴어 "Sichar"(수가)를 어근으로 하는 유럽어의 음역이다.

33 宗徒: 라틴어 "Apostolus"(사도)의 번역어이다.

EADEM FERIA

사순절 제3주일 후 금요일

De eadem Samatitana

같은 사마리아 여인

Eodem cap. 요 4장

Anno xxxii. 36 lii 32세 도해 36 (52)

A. Cum audisset a IESU Samaritana, Ego sum Christus; relicta hydria, currit in civitatem.

B. Narret de IESU.

C. Praeeunte muliere, tota se effundit Civitas ad IESUM.

D. Interea urgent IESUM Apostoli, ut manducet.

E. Respondet, alium se cibum habere quem manducet.

F. Venit IESUS Sichar, et mansit ibi duos dies; Multo plures credunt quam antea.

A. 사마리아 여인이 예수에게서 "내가 그리스도다"라는 말을 듣고서, 물동이를 내버려 두고 성으로 달려가다.

B. 그녀가 예수에 대해 이야기하다.

C. 여인이 앞서가고, 온 성이 예수에게로 몰려나오다.

D. 그 사이에 사도들은 예수께 음식을 드시라고 권하다.

E. 예수께서 자신은 먹는 것이 아닌 다른 양식을 가지고 있다고 대답하시다.

F. 예수께서 수가 성에 가서, 거기서 이틀을 머무르시다. 이전보다 훨씬 더 많은 사람들이 믿다.

己. 婦人受訓, 入城告衆。
庚. 彼都人士, 出迎耶穌。

辛. 耶穌進城, 居留二日, 受化者益衆。

見行紀二卷八。

기. 여인이 가르침을 받고, 성에 들어가 많은 사람들에게 알리다.
경. 그 도성 사람들이 나와 예수를 영접하다.

신. 예수께서 성에 들어가 이틀을 머무시니 변화를 받은 자가 더욱 많아지다.

『천주강생언행기략』 제2권 제8장을 보라.

FERIA V. POST DOMIN. III. QVADRAG.

Sanatur Socrus Petri. 18

Matth. viij. Marc. i. Luc. iiij. Anno xxxi. 1

A. *Capharnaum in finibus Zabulon & Nephtalim.*
B. *Synagoga, vnde sanato dæmoniaco.*
C. *Venit IESVS in domum Simonis.*
D. *Ibi rogatus, Petri socrum sanat febribus laborantem.*
E. *Surgit Socrus vegeta, & minis-trat cœnantibus.*
F. *IESVS cum discipulis accumbit ad mensam.*
G. *Vespere facto, oblatos infirmos, & dæmoniacos sanat.*

救伯鐸羅妻母病瘧

甲葛發翁城

乙本地教堂耶穌先救負魔者處

丙耶穌詣伯鐸羅家

丁因伯鐸羅懇求撫救其妻母病瘧者

戊病婦卽愈而健乃享耶穌與同座者

己耶穌與宗徒序坐

庚日暮耶穌撫救種種沉疴與負魔諸患

見行紀二卷十二

FERIA V. POST DOMIN. III. QUADRAG.

사순절 제3주일 후 목요일

Sanatur Socrus Petri

베드로의 장모가 치유되다

Matth. viii, Marc. I, Luc. iiii. 마 8장, 막 1장, 눅 4장

Anno xxxi. 18 l 31세 도해 18 (50)

A. Capharnaum in finibus Zabulon et Nephtalim.

B. Synagoga, unde sanato daemoniaco.

C. Venit IESUS in domum Simonis.

D. Ibi rogatus, Petri socrum sanat febribus laborantem.

E. Surgit Socrus vegeta, et ministrat coenantibus.

F. IESUS cum discipulis accumbit ad mensam.

G. Vespere facto, oblatos infirmos, et daemoniacos sanat.

A. 스불론과 납달리 경계에 있는 가버나움.

B. 회당. 그곳에서 귀신 들린 자가 치유되다.

C. 예수께서 시몬의 집에 오시다.

D. 거기서 예수가 청함을 받으시고, 열병을 앓는 베드로의 장모를 고치시다.

E. 장모가 생기를 찾고 일어나 저녁 먹는 사람들을 시중들다.

F. 예수께서 제자들과 함께 식탁에 기대어 앉으시다.

G. 저녁이 되자 예수께서는 이끌려온 병자들과 귀신 들린 자들을 고치시다.

16

[出像經解, BSB, 9a]

救伯鐸羅[34]妻母病瘧

베드로 장모의 열병을 치료하시다

甲. 葛發翁[35]城。

乙. 本地教堂[36]耶穌先救負魔者處。

丙. 耶穌詣伯鐸羅家。

丁. 因伯鐸羅懇求, 撫救其妻母病瘧者。

戊. 病婦, 卽愈而健, 乃享耶穌與同座者。

己. 耶穌與宗徒序坐。

庚. 日暮, 耶穌撫救, 種種沉疴, 與負魔諸患。

見行紀二卷十二。

갑. 가버나움성.

을. 그곳 회당으로 예수께서 앞서 귀신 들린 자를 치료하신 곳이다.

병. 예수께서 베드로의 집에 이르시다.

정. 베드로가 간절히 구하니, 그의 장모를 만져서 열병을 치료하시다.

무. 병든 부인이 즉시 치유되어 건강해져서, 이에 예수와 함께한 자들을 대접하다.

기. 예수께서 제자들과 차례로 앉으시다.

경. 해가 저물고, 예수께서 오래된 각종 병과 마귀 들린 환자들을 만져서 치료하시다.

『천주강생언행기략』 제2권 제12장을 보라.

34 伯鐸羅: 라틴어 "Petrus"(베드로)을 어근으로 하는 유럽어의 음역이다.

35 葛發翁: 라틴어 "Capharnaum"(가버나움)을 어근으로 하는 유럽어의 음역이다.

36 教堂: 라틴어 "Synagoga"(회당)의 번역어이다.

DOMINICA IIII. POST EPIPHAN.

Sedat procellam maris IESVS. 29

Matth. viij. Marc. iiij. Luc. viij. Anno xxxi. xiiij

A. *Capharnaum, vnde* IESVS *nauim conſcendit.*

B. *Regio Geraſenorum.*

C. *Quatuor venti è ſuis ſedibus erumpunt.*

D. *Mare atroci tempeſtate agitatur.*

E. *Nauis impletur fluctibus. Periclitantur.*

F. IESVS *dormit in puppi.*

G. *Diſcipuli perturbati eum excitant, petunt opem: conſequitur tranquillitas.*

H. *Aliæ naues idem Paſſæ.*

渡海止風
甲葛發翁城解纜處
乙對海日辣撒城
丙甫開洋八方狂風忽起
丁海濤洶湧入舟
戊衆徒危甚徬徨無措
巳耶穌船頭伏枕假寐
庚門徒號救耶穌一命風浪即息衆共讚大能
辛別舡同被危難
見行紀二卷十四

DOMINICA IIII. POST EPIPHAN.
주현절 후 제4주일
Sedat procellam maris IESUS
예수께서 바다의 광풍을 잠재우시다

Matth. viii, Marc. iiii, Luc. viii 마 8장, 막 4장, 눅 8장

Anno xxxi. 29 xiiii 31세 도해 29 (14)

A. Capharnaum, unde IESUS navim conscendit.
B. Regio Gerasenorum.
C. Quatuor venti e fuis sedibus erumpunt.
D. Mare atroci tempestate agitatur.
E. Navis impletur fluctibus. Periclitantur.
F. IESUS dormit in puppi.
G. Discipuli perturbati eum excitant, petunt opem. consequitur tranquillitas.
H. Aliae naves idem Passae.

A. 예수께서 배에 오르신 가버나움.
B. 거라사인들의 지방.
C. 네 바람[14]이 사방에서 몰아치다.
D. 바다가 사나운 폭풍으로 요동치다.
E. 배가 높은 파도로 넘쳐나다. 그들이 위험에 처하다.
F. 예수께서 고물에서 주무시다.
G. 당황한 제자들이 예수를 깨우고 도움을 청하다. 그러자 곧 바다가 잔잔해지다.

---

14 Quatuor venti(네 바람): 마태복음 8:27과 마가복음 4:37 그리고 누가복음 8:23에서 '바람'이라고 번역되고 있는 라틴어 'Venti'는 복수형이다. 구약과 신약 성경에서 '네 개의 바람'이라는 표현이 등장하며, '사방'이라는 의미로 사용되고 있다. 이에 대해서는 스가랴 6:1-5; 마태복음 24:31; 마가복음 13:27; 요한계시록 7:1을 참조하라.

17

[出像經解, BSB, 9b]

渡海止風

바다를 건너며 바람을 그치게 하시다

甲. 葛發翁城解纜處。

乙. 對海日搦撒[37]城。

丙. 甫開洋八方[38], 狂風忽起。

丁. 海濤洶湧入舟。

戊. 衆徒危甚, 彷徨無措。

己. 耶穌舡頭[39]伏枕假寐。

庚. 門徒[40]號救, 耶穌一命, 風浪卽息。衆其讚大能。

辛. 別舡同被危難。

見行紀二卷十四。

갑. 가버나움성, 배가 떠나는 곳.

을. 바다 맞은 편 게네사르성.

병. 바야흐로 바다 팔방이 출렁이며 광풍이 갑자기 일어나다.

정. 바다의 파도가 세차게 일어나 배에 들이치다.

무. 여러 제자들이 위기가 심해지자 당황하며 어찌할 바를 모르다.

기. 예수께서 뱃머리에서 베개를 베고 잠시 주무시다.

경. 제자들이 구해달라고 외치자 예수께서 한 번 명하시니 풍랑이 곧 그치

---

37 日搦撒: 라틴어 "Genesareth"(게네사렛)의 다른 표현인 라틴어 "Genesar"(게네사르)을 어근으로 하는 유럽어의 음역이다.

38 八方: 사방(四方)과 사우(四隅). 곧 동 · 서 · 남 · 북 · 동북 · 동남 · 서북 · 서남의 여덟 방위(方位) 즉 모든 방면을 의미한다.

39 舡頭: 성경의 내용과는 달리, 'puppis(고물, 선미)'를 '舡頭(강두; 뱃머리)'라고 번역하고 있다.

40 門徒: 라틴어 "Discipulus"(제자)의 번역어이다.

H. 같은 일을 당하는 다른 배들.

고, 이에 군중들이 위대한 능력을 찬양하다.
신. 다른 배도 마찬가지로 위험과 재난을 당하다.

『천주강생언행기략』 제2권 제14장을 보라.

DOMINICA XVIII. POST PENTECOST.

Sanatur paralyticus. 30

Matth. ix. Mar. ij. Luc. v. Anno xxxi. cxlij

A. *Domus in vrbe Capharnaum.*
B. *Ibi sedebat docens IESVS, sedebant simul Pharisæi, et legis Doctores.*
C. *Aderat plurima multitudo ad ianuam, quam domus recipere non poterat, & erat virtus Domini ad sanandum eos.*
D. *Allatum paralyticum cum præ turba non possent inferre, nudauerunt tectum.*
E. *Funibus demissum statuunt ante IESVM.*
B. *Videns IESVS fidem illorum, ait paralytico: Remittuntur tibi peccata tua.*
C. *Hoc taciti damnant blasphemiæ Iudæi.*
B. *Sanat IESVS paralyticum; quo facto ostendit eiusdem esse remittere peccata, & sanare paralyticum.*
E. *Surgit paralyticus, tollit grabatum, & abit.*
C. *Mirantur omnes, et magnificant Deum, vt virtus Dei exerta videretur ad sanandum eos.*

起癱証赦
甲葛發翁城內堂屋
乙耶穌坐訓衆諸
學士同坐論道
丙人士接踵塞門吾
主伸其大能以救
之
丁癱者欲求耶穌門
塞不得入舁者升
屋以繩縋床而下
乙耶穌見其信心先
赦病者之罪
丙學士聞之心竊懷
疑
乙耶穌命癱者起以
証其赦罪之權
丙衆人嘆服讚主全
能
戊癱者病愈自舁其
床以歸
出行紀二卷十六

DOMINICA XVIII. POST PENTACOST.

오순절 후 제18주일

Sanatur paralyticus

중풍병자가 치유되다

Matth. ix, Mar. ii, Luc. v 마 9장, 막 2장, 눅 5장

Anno xxxi. 30 cxlii 31세 도해 30 (142)

A. Domus in urbe Capharnaum.

B. Ibi sedebat docens IESUS, sedebant simul Pharisaei, et legis Doctores.

C. Aderat plurima mutitudo ad ianuam, quam domus recipere non poterat, et erat virtus Domini ad sanandum eos.

D. Allatum paralyticum cum prae turba non possent inferre, nudaverunt tectum.

E. Funibus demissum statuunt ante IESUM.

B. Videns IESUS fidem illorum, ait paralytico. Remittuntur tibi peccata tua.

C. Hoc taciti damnant blaspheminae Iudaei.

B. Sanat IESUS paralyticum; quo facto ostendit eiusdem esse remittere peccata, et sanare paralyticum.

E. Surgit paralyticus, tollit grabatum, et abit.

C. Mirantur omnes, et magnificent Deum, ut virtus Dei exerta videretur ad sanandum eos.

A. 가버나움 성에 있는 집.

B. 거기에 예수께서 앉아 가르치시고, 바리새인들과 율법학자들도 앉아있다.

C. 집이 수용할 수 없는 정도의 많은 군중들이 문으로 몰려들고, 그들을 고치기 위해 주의 권능이 임하다.

18

[出像經解, BSB, 10a]

起癱証赦

중풍병자를 일으키고 죄 용서를 증거하시다

甲. 葛發翁城內堂屋。

乙. 耶穌坐訓大衆, 諸學士[41]同坐論道。

丙. 人士接踵塞門, 吾主伸其大能, 以救之。

丁. 癱者, 欲求耶穌, 門塞不得入, 舁者舁屋, 以繩縋床而下。

乙. 耶穌見其信心, 先赦病者之罪。

丙. 學士聞之, 心竊懷疑。

乙. 耶穌命癱者起, 以証其赦罪之權。

丙. 衆人嘆服, 讚主全能。

戊. 癱者病愈, 自舁其床以歸。

見行紀二卷十六。

갑. 가버나움성 안의 집.

을. 예수께서 앉아서 많은 사람들을 가르치시고, 여러 학자들이 같이 앉아서 말씀을 논하다.

병. 사람들이 계속해서 문으로 몰려들고 우리 주께서는 그 크신 능력을 펼쳐서 그들을 치료하시다.

41 學士: 라틴어 "Pharisaei"(바리새인들)과 "legis Doctores"(교법사들)의 번역어이다. 『天主降生出像經解』는 "發利塞俄"라는 음역도 사용하고 있다.

D. 사람들이 데려온 중풍병자를 군중들 때문에 들여보낼 수 없으므로 지붕을 뜯다.

E. 밧줄로 그를 내려 예수 앞에 놓다.

B. 예수께서 그들의 믿음을 보시고 중풍병자에게 말씀하시다. "너의 죄가 사하여졌다."

C. 잠잠하던 유대인들이 이를 신성모독이라고 정죄하다.

B. 예수께서 중풍병자를 고치시다. 이 일을 행함으로써 죄를 사하고 중풍병자를 고침이 자기에게 속함을 보여주시다.

E. 중풍병자가 일어나서 침상을 들고 떠나다.

C. 모든 사람들이 놀라워하며 하나님을 찬미하다. 이는 하나님의 권능이 그들을 치유하기 위해 밝히 드러나게 하기 위함이다.

정. 중풍병자가 예수를 찾으나 문이 막혀서 들어갈 수 없어서 마주들어 매고 온 자들이 집 위에 올라가 줄로 침상을 매달아 내리다.
을. 예수께서 그들의 믿음을 보시고 먼저 병자의 죄를 용서해주시다.
병. 학자들이 그것을 보고는 마음속으로 몰래 의심을 품다.
을. 예수께서 중풍병자에게 일어나라 명하시어 그 죄 용서의 권세를 증거하시다.
병. 여러 사람들이 탄복하고 주의 전능하심을 찬양하다.
무. 중풍병자가 병이 치유되고 스스로 자기 침상을 들고 돌아가다.

『천주강생언행기략』 제2권 제16장을 보라.

FERIA VI. POST DOMIN. I. QVADRAG.

Sanatur Languidus. 47

Ioan. v. Anno xxxij. xxxij

A. *Piſcina Bethſaida Hieroſolymis, iuxta portam gregis, vbi languidi, & pecora lauabantur.*	D. *Reſpondet languidus; Domine, hominem non habeo, &c.*
B. *Superne adſcribitur Angelus, qui in piſcinam deſcendere ſolebat.*	C. *Sanat eum IESVS; & præcipit, vt tollat grabatum ſuum.*
C. *Venit ad piſcinam IESVS, dicit languido; Vis ſanus fieri?*	E. *Tollit grabatum paralyticus, & vadit domum: increpant eum Iudæi.*

起三十八年之癱
乙
甲
甲
丙
丁
戊
甲都城內水池有
廊廡五所病者
環居以待浴愈
乙每年有天神降
動其水先浴者
無弗瘳
丙耶穌至止問三
十八年之癱者
欲痊否
丁病者嘆曰吾主
向無一人挈我
先浴柰何
丙耶穌憐而賜之
愈
戊癱者即起依命
負衾而歸
見行紀二卷十九

FERIA VI. POST DOMIN. I. QUADRAG.

사순절 제1주일 후 금요일

Sanatur Languidus

병자가 치유되다

Ioan. v 요 5장

Anno xxxii. 47 xxxii 32세 도해 47 (32)

A. Piscina Bethsaida Hierosolymis, iuxta portam gregis, ubi languidi, et pecora lavabantur.

B. Superne adscribitur Angelus, qui in piscinam descendere solebat.

C. Venit ad piscinam IESUS, dicit languido; Vis sanus fieri?

D. respondet languidus; Domine, hominem non habeo, etc.

C. Sanat eum IESUS; et praecipit, ut tollat grabatum suum.

E. Tollit grabatum paralyticus, et vadit domum. increpant eum Iudaei.

A. 예루살렘 양문 곁 베데스다 연못. 병자들과 양 떼들이 씻고 있다.

B. 위에 천사가 덧붙여 그려져 있다. 그는 연못으로 내려오곤 한다.

C. 예수께서 연못에 오셔서, 병자에게 말씀하시다. “네가 낫기를 원하느냐?”

D. 병자가 대답하다. “주여, 제게는 한 사람도 없습니다.” 등등.

C. 예수께서 그를 고치시고, “일어나 네 자리를 들고 걸어가라”라고 명하시다.

E. 중풍병자가 자리를 들고서 집으로 돌아가고, 유대인들은 그를 꾸짖다.

19

[出像經解, BSB, 10b]

起三十八年之癱
38년 된 중풍병자를 일으키시다

甲. 都城內水池, 有廊廡五所, 病者環居, 以待欲愈。

乙. 每年, 有天神降, 動其水, 先浴者, 無弗瘳。

丙. 耶穌至止, 問三十八年之癱者, 欲痊否。

丁. 病者嘆曰, 吾主, 向無一人挈我先浴, 奈何。

丙. 耶穌憐而賜之愈。

戊. 癱者, 卽起依命, 負衾而歸。

見行紀二卷十九。

갑. 도성 안 연못에 다섯 행각이 있는데, 병자들이 둘러앉아서 낫기를 기다리다.

을. 매년 천사가 내려와 그 물을 움직이는데, 먼저 목욕하는 자로 낫지 않는 이가 없다.

병. 예수께서 이르러 멈추고, 38년 된 중풍병자에게 "낫고자 하느냐?"고 물으시다.

정. 병자가 탄식하며 "우리 주여, 그동안 저를 들어서 먼저 목욕시켜주는 사람이 한 명도 없었으니 어찌하겠습니까?"라고 말하다.

병. 예수께서 불쌍히 여겨 그를 낫게 하시다.

무. 중풍병자가 즉시 일어나 명하신 대로 침구를 지고 돌아가다.

『천주강생언행기략』 제2권 제19장을 보라.

DOMINICA V. POST PENTECOSTEN.

Compescitur iracundia. 19

Matth. v. Anno xxxi. cxxxij

A. *In monte Thabor Christus docet.*
B. *Mortuus iacet, & ducitur homicida, vt reus iudicio.*
C. *Non hoc solum, sed qui fratri irascitur, reus esse potest etiam iudicio gehennæ ignis.*
D. *Qui dicit Racha, contumeliosum verbum, sed anceps, reus similiter esse potest concilio.*
E. *Qui dicit fatue, nec iudicio, nec concilio sistitur, sed plane gehennæ ignis addicitur.*
F. *Homo qui relinquit munus ad altare, et vadit primum reconciliari fratri suo.*

DOMINICA VI. POST PENTECOSTEN.

Subseruire poterunt huic Euangelio imagines Dominicæ iiij. Quadragesimæ et earum annotationes. 42. et 43.

山中聖訓
乙
丙
丁
戊
巳
甲
甲耶穌在大博山
訓宗徒以不宜
輕怒人其諭言
形容于圖上五
圖中
乙一人被害仆地
而害人者被擒
受刑
丙不惟殺人者即
心中恨人者可
議其罪矣
丁以怒聲叱人者
可定其罪矣
戊詈人以狂者竟
負地獄之刑矣
巳獻禮聖堂者忽
憶有憾先回求
和仍復奉獻
見行紀三卷一

DOMINICA V. POST PENTACOSTEN
오순절 후 제5주일
Compescitur iracundia
분노를 누르다

Matth. v 마 5장

Anno xxxi. 19 cxxxii 31세 도해 19 (132)

A. In monte Thabor Christus docet.
B. Mortuus iacet, et ducitur homicida, ut reus iudicio.
C. Non hoc solum, sed qui fratri irascitur, reus esse potest etiam iudicio gehennae ignis.
D. Qui dicit Racha, contumeliosum verbum, sed anceps, reus similiter esse potest concilio.
E. Qui dicit fatue, nec iudicio, nec concilio sistitur, sed plane gehennae ignis addicitur.
F. homo qui relinquit munus ad altare, et vadit primum reconciliari fratri suo.

A. 그리스도께서 다볼 산에서 가르치시다.
B. 죽은 자는 누워 있고, 살인자는 심판을 받기 위해 끌려가다.
C. 이 사람뿐만 아니라, 형제에게 화를 내는 자도 역시 지옥불 심판을 받을 것이다.
D. '라가'라는 치욕적인 말이나 '우유부단한 놈'이라고 말하는 자도 마찬가지로 공회에서 심판을 받을 것이다.
E. 어리석게 말하는 자는 재판이나 공회에도 서지 못하고, 명백하게 지옥불 판결을 받는다.
F. 제단에 예물을 남겨두는 사람, 그가 먼저 자기 형제와 화해하러 가다.

20

[出像經解, BSB, 11a]

山中聖訓
산중에서의 거룩한 가르침

甲. 耶穌, 在大博[42]山, 訓宗徒, 以不宜輕怒人。其諭言形容于圖上五圈中。
乙. 一人被害仆地, 而害人者, 被擒受刑。
丙. 不惟殺人者, 卽心中恨人者, 可議其罪矣。
丁. 以怒聲叱人者, 可定其罪矣。
戊. 詈人以狂者, 竟負地獄之刑矣。
己. 獻禮聖堂者, 忽憶有憾, 先回求和, 仍復奉獻。

見行紀三卷一。

갑. 예수께서 다볼산에서 제자들에게 남에게 쉽게 노해서는 안 된다고 가르치시다. 비유하신 말씀이 그림 윗부분의 다섯 개 원 안에 묘사되어 있다.
을. 어떤 사람이 해를 입어 땅에 엎드려 있고, 남을 해친 자는 잡혀서 형벌을 받다.
병. 살인자뿐만 아니라 마음속으로 다른 사람을 원망하는 자도 그 죄를 물을 수 있다.
정. 성난 목소리로 남을 꾸짖는 자도 그 죄를 정죄할 수 있다.
무. 다른 사람을 미치광이라고 욕하는 자는 결국 지옥의 형벌을 받는다.
기. 성전(聖堂)에서 예물을 바치는 자는 문득 남과 유감이 있는 것이 기억나면 먼저 돌아가서 화해를 하고서 다시 봉헌하라.

『천주강생언행기략』 제3권 제1장을 보라.

---

42 大博: 라틴어 “Thabor”(다볼)을 어근으로 하는 유럽어의 음역이다. 예수께서 변화하신 산이 다볼산이라는 전승이 있다.

EADEM DOMINICA III. POST EPIPHAN.

Sanatur ſeruus Centurionis. 27

Matth. viij. Luc. vij. Anno xxxi. xiij

A. *Capharnaum.*

B. *Seniores Iudæorum, quos primum miſerat Centurio.*

C. *Hi, tum alij, quos rurſum miſerat, orantes* IESVM.

D. *Centurio ipſe conſequitur, et orat* IESVM.

E. *Fidem eius* IESVS *miratur, et laudat.*

F. *Domi puer Centurionis illo abſente ſanatur.*

G. *Domum omnes reuertuntur.*

救武官之病僕
甲
乙
丙
丁
戊
庚
甲葛發翁城
乙耆老先爲武
官懇求耶穌
述其鄉堂之
功
丙親友先後復
爲代懇
丁武官自伏耶
穌前懇篤祈
禱
戊耶穌嘆賞其
大信而允所
求
己病僕忽然全
愈
庚武官抵家知
病痊之刻卽
耶穌所允之
時
見行紀三卷二

EADEM DOMINICA III. POST EPIPHAN.

주현절 후 같은 제3주일

Sanatur Servus Centurionis

백부장의 종이 치유되다

Matt. viii, Luc. vii 마 8장, 눅 7장

Anno xxxi. 27 xiii 31세 도해 27 (13)

A. Capharnaum.

B. Seniores Iudaeorum, quos primum miserat Centurio.

C. Hi, tum alii, quos rursum miserat, orantes IESUM.

D. Centurio ipse consequitur, et orat IESUM.

E. Fidem eius IESUS miratur, et laudat.

F. Domi puer Centurionis illo absente sanatur.

G. Domum omnes revertuntur.

A. 가버나움.

B. 백부장이 먼저 보낸 유대인 장로들.

C. 이들과 그가 다시 보낸 다른 사람들이 예수께 간구하다.

D. 백부장 자신이 따라와서 예수께 간구하다.

E. 예수께서 그의 믿음을 놀라워하며 칭찬하시다.

F. 백부장 집의 소년이 그가 없는 동안 치유되다.

G. 모두 집으로 돌아가다.

21

[出像經解, BSB, 11b]

救武官之病僕

무관의 병든 종을 치료하시다

甲. 葛發翁城。

乙. 耆老[43]先爲武官[44], 懇求耶穌, 述其刱堂之功。

丙. 親友先後復爲代懇。

丁. 武官自伏耶穌前, 懇篤祈祐。

戊. 耶穌嘆賞其大信, 而允所求。

己. 病僕忽然全愈。

庚. 武官抵家, 知病痊之刻, 卽耶穌所允之時。

見行紀三卷二。

갑. 가버나움성.

을. 먼저 장로(耆老)들이 무관을 위해 예수께 간구하며 그가 회당을 지은 공을 말하다.

병. 그 다음에 벗들이 무관을 대신해서 간구하다.

정. 무관 자신이 예수 앞에 엎드려 간절히 도움을 구하다.

무. 예수께서 그 큰 믿음에 탄복하여 칭찬하고 구한 것을 들어주시다.

기. 병든 종이 홀연 온전히 치유되다.

경. 무관이 집에 당도하여 병이 나은 시각이 바로 예수께서 들어주신 때임을 알다.

『천주강생언행기략』 제3권 제2장을 보라.

---

43 耆老: 라틴어 "Senior"(장로)의 번역어이다.

44 武官: 라틴어 "Centurio"(백부장)의 번역어이다. 『天主降生出像經解』는 "兵將"이라는 번역어도 사용하고 있다.

FERIA V. POST DOMIN. IIII. QVADRAG.
Ad Naim suscitatur filius Viduæ. 28
Luc. vij. Anno xxxi. lx

A. *Capharnaum, vbi fuerat seruus Centurionis sanatus, inde venit* IESVS *Naim.* B. *Naim ciuitas in tribu Isachar.* C. *Pompa funeris, turba flet, & mater miserabiliter se affligit.*	D. *Videt eam* IESVS, *consolatur; Noli flere, tangit loculum, stant portitores, adolescentem à mortuis excitat.* E. *Fit celebre hoc miraculum, vnde Ioannes accipit occasionem mittendi discipulos ad* IESVM.

納嬰起寡嫠之殤子
甲耶穌自葛發翁城救病僕後起程往納嬰
乙納嬰城
丙送葬者紛然哀哭母氏尤甚
丁耶穌憐慰其母令止喪車而命殤者復活
戊耶穌靈蹟四方喧溢遐邇無不驚嘆
見行紀三卷三

FERIA V. POST DOMIN. IIII. QUADRAG.

사순절 제4주일 후 목요일

Ad Naim Suscitatur Filius Viduae

나인 성에서 과부의 아들이 일으켜지다

Luc. vii 눅 7장

Anno xxxi. 28 lx 31세 도해 28 (60)

A. Capharnaum, ubi fuerat servus Centurionis sanatus, inde venit IESUS Naim.

B. Naim civitas in tribu Isachar.

C. Pompa funeris, turba flet, et mater miserabiliter se affligit.

D. Videt eam IESUS, consolatur; Noli flere, tangit loculum, stant portitores, adolescentem a mortuis excitat.

E. Fit celebre hoc miraculum, unde Ioannes accipit occasionem mittendi discipulos ad IESUM.

A. 백부장의 종이 치유된 가버나움. 그곳을 떠나 예수께서 나인으로 가시다.

B. 잇사갈 지파에 속한 나인 성

C. 장례 행렬. 군중들은 울고 어머니는 비참하게 괴로워하고 있다.

D. 예수께서 그녀를 보시고, “울지 말아라” 위로하시며 관을 만지시다. 수레를 끄는 자들이 서 있고, 예수께서 젊은이를 죽은 자들로부터 일으키시다.

E. 이 기적이 널리 알려지다. 이로 인해 요한이 예수에게 제자들을 보내는 계기를 얻게 되다.

22

[出像經解, BSB, 12a]

納嬰[45]起寡嫠之殤子

나인성에서 과부의 죽은 아들을 일으키시다

甲. 耶穌自葛發翁救病僕, 起程往納嬰。
乙. 納嬰城。
丙. 送葬者紛然哀哭母氏尤甚。
丁. 耶穌憐慰其母, 令止喪車, 而命殤者復活。
戊. 耶穌靈蹟, 四方喧謚, 遐邇無不驚嘆。

見行紀三卷三。

갑. 예수께서 가버나움성에서 병든 종을 일으켜 낫게 하시고 길을 떠나 나인성으로 가시다.
을. 나인성.
병. 장례지내는 자가 소란스럽게 슬피 곡하고 어머니가 더욱 심히 슬퍼하다.
정. 예수께서 그 모친을 불쌍히 여겨 위로하고 장례 치르는 수레를 멈추라 하여 죽은 자를 다시 살리시다.
무. 예수의 신령한 기적으로 사방이 떠들썩하고 각처에서 두루 놀라지 않음이 없었다.

『천주강생언행기략』 제3권 제3장을 보라.

45 納嬰: 라틴어 "Naim"(나인)을 어근으로 하는 유럽어의 음역이다.

DOMINICA II. ADVENTVS.

Mittit Ioannes duos diſcipulos ad IESVM. 32

Matth. xi. Luc. vij. Anno xxxi. ij

A. *Macheruntis carcer in tribu Ruben, vnde mittit Ioannes diſcipulos.*
B. *Iordanis, poſt quem Macherus.*
C. *Duo diſcipuli Ioannis venientes.*
D. *Naim, vbi ſuſcitatus fuerat filius Viduæ; quæ cauſa fuit, cur Ioannes diſcipulos mitteret.*
E. *IESVS cum diſcipulis ſuis.*
F. *Perueniunt diſcipuli Ioannis.*
G. *Coram eis ſanat IESVS cæcos, claudos, &c.*
H. *Redeunt ad Ioannem eius quidem diſcipuli, ſed iam magis Chriſti.*

若翰遣徒詢主
丙
乙
庚
丁
戊
庚
巳
甲納畧城耶穌起
殤子處
乙若而當河
丙若翰居若而當
河表聞耶穌起
死之靈蹟乃遣
二徒詢之果是
天主降生否
丁若翰二徒往詢
戊耶穌偕其門徒
巳若翰徒詣耶穌
前
庚耶穌當前命瞽
者視跛者履聾
者聞癩者潔死
者復活乃命二
徒將此報命
見行紀三卷四

DOMINICA II. ADVENTUS

대강절 제2주일

Mittit Ioannes duos discipulos ad IESUM

요한이 예수께 두 제자를 보내다

Matth. xi, Luc. vii 마 11장, 눅 7장

Anno xxxi. 32 ii 31세 도해 32 (2)

A. Macheruntis carcer in tribu Ruben, unde mittit Ioannes discipulos.

B. Iordanis, post quem Macherus.

C. Duo discipuli Ioannis venientes.

D. Naim, ubi suscitatus fuerat filius Viduae; quae causa fuit, cur Ioannes discipulos mitteret.

E. IESUS cum discipulis suis.

F. Perveniunt discipuli Ioannis.

G. Coram eis sanat IESUS caecos, claudos, etc.

H. Redeunt ad Ioannem eius quidem discipuli, sed iam magis Christi.

A. 르우벤 지파에 속한 마케루스의 감옥[15]. 그곳에서 요한이 제자들을 보내다.

B. 요단강. 그 너머에 있는 마케루스.

C. 다가오는 요한의 두 제자들.

D. 과부의 아들이 살아났던 나인 성. 이 사건은 요한이 제자들을 보낸 이유가 되다.

E. 자신의 제자들과 함께 있는 예수.

F. 요한의 제자들이 도착하다.

G. 그들 앞에서 예수께서 눈이 먼 자들, 저는 자들 등등을 고치시다.

---

15 Macherus(마케루스) 또는 Machaerus(마카이루스): 요세푸스에 따르면, 이곳에서 요한의 머리가 베어졌다고 전해진다.

23

[出像經解, BSB, 12b]

若翰遣徒詢主

요한이 제자를 보내 주께 묻다

甲. 納嬰城, 耶穌起殤子處。

乙. 若而當[46]河。

丙. 若翰居若而當河表, 聞耶穌起死之靈蹟, 乃遣二徒詢之, 果是天主降生否。

丁. 若翰二徒往詢。

戊. 耶穌偕其門徒。

己. 若翰徒請耶穌前。

庚. 耶穌當前, 命瞽者視, 跛者履, 聾者聞, 癩者潔, 死者復活, 乃命二徒, 將此報命。

見行紀三卷四。

갑. 나인성. 예수께서 죽은 아들을 살리신 곳.

을. 요단 강.

병. 요한이 요단강 기슭에 머물며 예수께서 죽은 자를 살리셨다는 신령한 기적을 듣고 두 제자를 보내 과연 천주가 강생한 것인지를 알아보다.

정. 요한의 두 제자가 가서 묻다.

무. 예수께서 그 제자들과 함께 하시다.

기. 요한의 제자가 예수께 청하다.

경. 예수께서 눈앞에서 명하사 맹인은 보고 절름발이는 걷고 귀먹은 자는 듣고 나병환자는 깨끗해지고 죽은 이는 다시 살아나라 하시고, 두 제자

46 若而當: 라틴어 "Iordanis"(요단)을 어근으로 하는 유럽어의 음역이다. 『天主降生出像經解』는 "若當"이라는 음역도 사용하고 있다.

H. 요한의 제자들이 그에게 되돌아가다. 하지만 이제는 오히려 그리스도의 제자들이 되었다.

에게 분부하여 곧 이 소식을 알리라고 명하시다.

『천주강생언행기략』 제3권 제4장을 보라.

FERIA V. POST. DOM. PASSIONIS

Vngit pedes IESV *Magdalena*

Luc. vij. Anno xxxi.

34
lxix

A. *Capharnaum, vbi hæc facta memorantur.*
B. *Rogat Pharisæus* IESVM*, vt manducet secum.*
C. *Accumbit Pharisæus,* IESVS, *& Apostoli.*
D. *Magdalena rigat pedes* IESV *lacrymis, tergit capillis, osculatur, vngit vnguento.*
E. *Pharisæus hæc videns, indigne fert.*
F. *Respondet benigne illi* IESVS, *per parabolam duorum debitorum.*
G. *Pueri ad mensam consistentes, diligenter ministrant.*
H. *In circulo parabola expressa cernitur.*

赦悔罪婦
甲發利塞俄學長
延耶穌
乙耶穌偕宗徒與
學長席坐
丙有罪婦瑪大肋
納悔過攺圖趨
俯耶穌前以淚
滌其足以髮拭
之以口親之香
油沃之痛切不
已
丁學長見之不悦
且心嫌耶穌
戊耶穌以二人負
債喻婉諭之而
以罪之赦慰其
婦
己僕役進膳
庚形容負債者喻
見行紀三卷五

FERIA V. POST. DOM. PASSIONIS
수난주일 후 목요일
Ungit pedes IESU Magdalena
막달라 마리아가 예수의 발에 기름을 붓다

Luc. vii 눅 7장

Anno xxxi. 34 lxix 31세 도해 34 (69)

A. Capharnaum, ubi haec facta memorantur.

B. Rogat Pharisaeus IESUM, ut manducet secum.

C. Accumbit Pharisaeus, IESUS, et Apostoli.

D. Magdalena rigat pedes IESU lacrymis, tergit capillis, osculatur, ungit unguento.

E. Pharisaeus haec videns, indigne fert.

F. Respondet benigne illi IESUS, per parabolam duorum debitorum.

G. Pueri ad mensam consistentes, diligenter ministrant.

H. In circulo parabola expressa cernitur.

A. 가버나움. 그곳에서 이 일들이 전해져 내려온다.

B. 바리새인이 자신과 식사하시자고 예수께 청하다.

C. 바리새인과 예수와 사도들이 식탁에 자리하다.

D. 막달라 마리아가 예수의 발을 눈물로 적시고 머리카락으로 닦고 입 맞추며 향유로 바르다.

E. 바리새인이 이것을 보고 화를 내다.

F. 예수께서 두 빚진 사람의 비유를 통해서 그녀에 대해 호의적으로 대답하시다.

24

[出像經解, BSB, 13a]

赦悔罪婦
죄를 뉘우치는 여인을 용서하시다

甲. 發利塞俄[47]學長延耶穌。

乙. 耶穌偕宗徒與學長序坐。

丙. 有罪婦瑪大肋納[48]悔過改圖, 趨俯耶穌前, 以淚滌其足, 以髮拭之, 以口親之, 香油沃之, 痛切不已。

丁. 學長見之, 不悅, 且心嫌耶穌。

戊. 耶穌以二人負債喻婉諭之, 而以罪之赦, 慰其婦。

己. 僕役進膳。

庚. 形容負債者喻。

見行紀三卷五。

갑. 바리새인 지도자가 예수를 불러 맞이하다.

을. 예수께서 모든 제자 및 지도자와 함께 차례로 앉으시다.

병. 죄지은 막달라 여인이 잘못을 뉘우치고 회개하며 예수 앞에 나아가 엎드려 그 발을 눈물로 씻고 머리털로 닦고 입맞추고, 향유를 바르고, 애통해 마지 않다.

정. 바리새인 지도자가 그것을 보고 불쾌히 여기며 또한 마음으로 예수를 혐오하다.

무. 예수께서 두 빚진 사람의 비유로 에둘러 깨우치시고 죄 사함으로 그 여인을 위로하시다.

---

47 發利塞俄: 라틴어 "Pharisaeus"(바리새인)을 어근으로 하는 유럽어의 음역이다. 『天主降生出像經解』 "學士"라는 번역어도 사용하고 있다.

48 瑪大肋納: 라틴어 "Magdalena"(막달라)를 어근으로 하는 유럽어의 음역이다.

G. 종들이 식탁 옆에 서서 부지런히 섬기다.

H. 원 안에 비유가 명확히 드러나 있다.

기. 종들이 음식을 내오다.

경. 빚진 사람의 비유를 묘사하다.

『천주강생언행기략』 제3권 제5장을 보라.

DOMINICA SEXAGESIMAE

Parabola Seminantis. 38

Matt. xiij. Marc. iiij. Luc. viij. Anno xxxij. xvij

A. IESVS *ſedens in naui, ad littus iuxta Capharnaum, docet.*	E. *Cadit in ſpinetum.*
B. *Agricola ſementem faciens.*	F. *Cadit in terram bonam, & facit vnum, centeſimum fructum, aliud, ſexageſimum, &c. Parabolam explicat Chriſtus.*
C. *Cadit ſemen in viam.*	
D. *Cadit in petroſa.*	

播種喻
甲耶穌近葛發翁城坐舟中設寓訓衆
乙田父播種
丙種有遺路傍爲人馬踐踏
丁有墮磽礫者土薄立槁
戊有落荆棘中者覆蔽不長
己有得沃壤種一而穫三十或六十及一百者
庚耶穌釋其寓言之意
見行紀三卷九

DOMINICA SEXAGESIMAE

육순주일[16]

Parabola Seminantis

씨 뿌리는 자의 비유

Matth. xiii, Marc. iiii, Luc. viii 마 13장, 막 4장, 눅 8장

Anno xxxii. 38 xvii 32세 도해 38 (17)

A. IESUS sedens in navi, ad littus iuxta Capharnaum, docet.

B. Agricola sementem faciens.

C. Cadit semen in viam.

D. Cadit in petrosa.

E. Cadit in spinetum.

F. Cadit in terram bonam, et facit unum, centesimum fructum, aliud, sexagesimum, etc. Parabolam explicat Christus.

A. 예수께서 가버나움 근처 해안가에서 배에 앉아 가르치시다.

B. 씨를 뿌리고 있는 농부.

C. 씨가 길에 떨어지다.

D. 씨가 돌밭에 떨어지다.

E. 씨가 가시덤불에 떨어지다.

F. 씨가 좋은 땅에 떨어져 어떤 씨는 백 배의 결실을, 어떤 씨는 육십 배의 결실을, 어떤 씨는 삼십 배의 결실을 맺고, 등등. 그리스도께서 비유를 설명하시다.

16 사순절 전 제2주일.

25

[出像經解, BSB, 13b]

播種喩

씨 뿌리는 비유

甲. 耶穌近葛發翁城, 坐舟中, 設寓訓衆。
乙. 田父播種。
丙. 種有遺路傍, 爲人馬踐踏。
丁. 有墮磽礫者, 土薄立槁。
戊. 有落荊棘中者, 覆蔽不長。
己. 有得沃壤種一, 而獲三十, 或六十, 及一百者。
庚. 耶穌釋其寓言之意。

見行紀三卷九。

갑. 예수께서 가버나움성에 가까이 오실 때 배 안에 앉아서, 비유로 무리를 가르치시다.
을. 농부가 씨를 뿌리다.
병. 씨앗이 길가에 떨어져 사람과 말에 밟히다.
정. 돌밭에 떨어진 것은 흙이 척박해서 즉시 시들다.
무. 가시덤불에 떨어진 것은 뒤덮여서 자라지 않다.
기. 비옥한 토양에 떨어진 씨앗 하나가 삼십 배, 육십 배, 혹은 백 배의 결실을 맺다.
경. 예수께서 그 비유의 뜻을 풀어주시다.

『천주강생언행기략』 제3권 제9장을 보라.

DOMINICA IIII. QVADRAGESIMÆ.

Quietem agunt discipuli iubente Christo, postea nauigant trans mare. 41

Matth. xiiij. Marc. vi. Luc. ix. Ioan. vi. Anno xxxij. liiij

A. *Dimittens turbas IESVS, ostendit quò esset trans mare venturus.* B. *Desertum inter Capharnaum, & Bethsaidam occidentalem: vbi præcipit discipulis, vt paulisper requiescant.* C. *Ocium agunt discipuli præsente Christo.*	D. *Turbæ, quæ ad angustias Iordanis properant, vt transmittant.* E. *Conscendit nauim cum discipulis IESVS.* F. *Nauigat placide, quò turba præuenerat, vt Christus voluerat.*

五餅二魚餉五千人

甲人衆先渡望耶穌恩澤、
乙耶穌濟河與宗徒登山誨衆起疾
丙耶穌憐衆之糧欲飲食之
丁稚子携大麥餅五魚二耶穌祝福剖而授宗徒
戊五千人列坐宗徒遍給之
巳衆人食飽收餘剩十二筐
庚耶穌謝衆命宗徒先渡
辛耶穌自入深山默用神功
見行紀三卷十五

EADEM DOMINICA

Docet, et ſanat languidos. Diſtribuuntur turbæ, quaſi per contubernia. 42

Eiſdem cap. Anno xxxij. lv

A. *Egreſſus in littus Bethſaidæ orientalis, ſecedit in montem.*

B. *Progreſſus ad turbas, loquitur de regno Dei; sanat qui cura indigebant.*

C. *Veſpere facto, ſolicite & varie interrogat diſcipulos, vnde alendæ ſint turbæ.*

D. *Indicat Andreas puerum, qui haberet quin: que panes hordeaceos, et duos pisces.*

E. *Iubet turbas conſidere, centenos, & quinquagenos.*

F. *Accipit panes, & piſciculos; benedicit ſuſpiciens in cœlum.*

五餅二魚餉五千人

甲人衆先渡望耶穌恩澤

乙耶穌濟河與宗徒登山誨衆起疾

丙耶穌憐衆乏糧欲飲食之

丁稚子携大麥餅五魚二耶穌祝福剖而授宗徒

戊五千人列坐宗徒遍給之

巳衆人食飽收餘剩十二筐

庚耶穌謝衆命宗徒先渡

辛耶穌自入深山默用神功

見行紀三卷十五

EADEM DOMINICA.

Satiat quinque millia hominum. 43

Eiſdem cap. *Anno xxxij.* lvi

A. *Chriſtus igitur cum panes fregiſset, & piſces, dat diſcipulis frangendos, & diſtribuendos.*	C. *Ex reliquijs colliguntur duodecim cophini.*
B. *Diſtribuunt Apoſtoli, & diſcipuli per omnia contubernia, & ſaturantur omnes.*	D. *Compellit nauigare diſcipulos in terram Geneſar.*
	E. *Secedit in montem orare, dimiſsis turbis.*

五餅二魚餉五千人

甲 人衆先渡望耶穌恩澤

乙 耶穌濟河與宗徒登山誨衆起疾

丙 耶穌憐衆乏糧欲飲食之

丁 稚子携大麥餅五魚二耶穌祝福剖而授宗徒

戊 五千人列坐宗徒遍給之

己 衆人食飽收餘剩十二筐

庚 耶穌謝衆命宗徒先渡

辛 耶穌自入深山默用神功

見行紀三卷十五

DOMINICA IIII. QUADRAGESIMAE
사순절 제4주일
Quietem agunt discipuli iubente Christo, postea navigant trans mare
예수께서 명하셔서 제자들이 쉬고, 그 후에 바다 건너편으로 항해하시다

Matth. xiiii, Marc. vi, Luc. ix, Ioan. vi 마 14장, 막 6장, 눅 9장, 요 6장

Anno xxxii. 41 liiii 도해 41 (54)

A. Dimittens turbas IESUS, ostendit quo esset trans mare venturus.
B. Desertum inter Capharnaum, et Bethsaidam occidentalem; ubi praecipit discipulis, ut paulisper requiescant.
C. Ocium agunt discipuli praesente Christo.
D. Turbae, quae ad angustias Iordanis properant, ut transmittant.
E. Conscendit navim cum discipulis IESUS.
F. Navigat placide, quo turba praevenerat, ut Christus voluerat.

A. 예수께서 군중들을 보내신 후, 바다 건너편 자신이 가시려는 곳을 보이시다.
B. 가버나움과 서쪽 벳새다 사이의 한적한 곳. 여기서 잠시 쉬라고 그가 제자들에게 지시하시다.
C. 제자들이 예수님과 함께 있으면서 휴식을 취하다.
D. 군중들이 바다를 건너가고자 요단의 좁은 길로 서둘러 가다.
E. 예수께서 제자들과 함께 배에 오르시다.
F. 그리스도께서 원하시던 바대로 군중들이 먼저 간 곳으로 조용히 항해하시다.

26

[出像經解, BSB, 14a]

五餅二魚餇五千人

다섯 개의 떡과 두 마리의 물고기로 오천 명을 먹이시다

甲. 人衆先渡, 望耶穌恩澤。

갑. 무리가 먼저 건너가 예수의 은택을 바라다.

EADEM DOMINICA
사순절 제4주일
Docet, et sanat languidos. Distribuntur turbae, quasi per contubernia
예수께서 가르치시고 병자를 고치시다; 군중은 여러 무리로 나뉘다

Eisdem cap. 마 14장, 막 6장, 눅 9장, 요 6장

Anno xxxii. 42 (lv) 32세 도해 42 (55)

A. Egressus in littus Bethsaidae orientalis, secedit in montem.
B. Progressus ad turbas, loquitur de regno Dei; sanat qui cura indigebant.
C. Vespere facto, solicite et varie interrogat discipulos, unde alendae sint turbae.
D. Indicat Andreas puerum, qui haberet quinque panes hordeaceos, et duos pisces.
E. Iubet turbas considere, centenos, et quinquagenos.
F. Accipit panes, et pisciculos; benedicit suspiciens in caelum.

A. 예수께서 동쪽 벳새다 해변에 도착하여 산으로 물러나시다.
B. 예수께서 군중들에게 나아가 하나님 나라에 대해 말씀하시고 치유가 필요한 자들을 고치시다.
C. 저녁이 되자 어떻게 군중을 먹일 수 있을지 예수께서 근심하며 여러 가지로 제자들에게 물으시다.
D. 안드레가 보리떡 다섯 개와 물고기 두 마리를 가진 소년을 발견하다.
E. 예수께서 군중들에게 백씩, 오십씩 앉으라고 명하시다.
F. 예수께서 빵과 물고기 조각을 집어 들고 하늘을 쳐다보면서 축복하시다.

乙. 耶穌濟河與宗徒登山, 誨衆起疾。
丙. 耶穌憐衆乏糧, 欲飮食之。

을. 예수께서 강을 건너 제자들과 산에 올라 무리를 가르치고 병든 자를 일으켜 소생시키시다.
병. 예수께서 무리가 먹을 것이 부족한 것을 불쌍히 여기시고 그들을 먹이려고 하시다.

EADEM DOMINICA

사순절 제4주일

Satiat quinque millia hominum.

예수께서 오천 명을 배불리 먹이시다

Eisdem cap. 마 14장, 막 6장, 눅 9장, 요 6장

Anno xxxii. 43 lvi 32세 도해 43 (56)

A. Christus igitur cum panes fregisset, et pisces, dat discipulis frangendos, et distribuendos.

B. Distribuunt Apostoli, et discipuli per omnia contubernia, et saturantur omnes.

C. Ex reliquiis colliguntur duodecim cophini.

D. Compellit navigare discipulos in terram Genesar.

E. Secedit in montem orare, dimissis turbis.

A. 이어서 그리스도께서 떡과 물고기를 쪼개어 제자들에게 쪼개서 나눠주도록 주시다.

B. 사도들과 제자들이 모든 동참자들을 통해 그것을 나누어주니 모든 사람이 배부르게 되다.

C. 남은 것이 열두 광주리에 모아지다.

D. 제자들에게 게네사렛 땅으로 항해하라고 요구하시다.

E. 군중들을 해산하신 후에 기도하러 산으로 물러나시다.

丁. 稚子携大麥餅五魚二, 耶穌祝福割而授宗徒。
戊. 五千人列坐, 宗徒遍給之。
己. 衆人食飽, 收餘剩十二簏。
庚. 耶穌謝衆, 命宗徒先渡。
辛. 耶穌自入深山, 黙用神功。

見行紀三卷十五。

정. 어린아이가 보리떡 다섯 개와 물고기 두 마리를 가지고 왔으므로 예수께서 축복하시고 나누어 제자들에게 주시다.
무. 오천 명이 열을 지어 앉자 제자들이 두루 나누어주다.
기. 여러 사람들이 배불리 먹고 남은 것을 열두 광주리에 거두다.
경. 예수께서 무리를 떠나시며 제자들에게 먼저 건너가라고 명하시다.
신. 예수께서 홀로 깊은 산에 들어가 조용히 기도에 힘쓰시다.

『천주강생언행기략』 제3권 제15장을 보라.

SABBATHO POST CINERES.

Ambulat super mare IESVS. 44

Matth. xiiij. Marc. vi. Ioan. vi. Anno xxxij. xxiiij

A. *Multitudo deliberans de creando Rege IESV.*

B. *Hoc cum sciret IESVS, primum præire discipulos, & mare transmittere iubet.*

C. *Secedit deinde solus in montem, vt oret.*

D. *Mare Galilææ, siue Tiberiadis, siue Genesareth.*

E. *Nauis in medio mari iactatur fluctibus, laborant remigando discipuli.*

F. *IESVS ambulans super mare, nauim præterire velle se simulat.*

G. *Perturbantur discipuli, & quasi ad phantasma exclamant.*

F. *Dicit illis IESVS, Ego sum; nolite timere.*

H. *Petrus, concedente IESV, desilit in mare; titubans incipit mergi; eum IESVS à præsenti periculo eripit.*

I. *Appellunt in terram Genesareth.*

耶穌步海
甲千衆感戴洪恩議
立耶穌爲君
乙耶穌欲避之先命
宗徒渡海
丙獨登山默用神功
丁日撋撒海
戊風逆濤作舟幾覆
宗徒甚恐
己耶穌知其危步海
往救之
庚宗徒初見履海者
驚號以爲妖影
巳耶穌慰衆曰是我
勿懼也
辛伯鐸羅受命踴躍
涉海而往因稍疑
卽沉耶穌援而論
之
壬耶穌登舟命風浪
平息頃刻抵崖
見行紀四卷一

SABBATHO POST CINERES
재의 수요일 후 토요일
Ambulat super mare IESUS
예수께서 바다 위를 걸으시다

Matth. xiiii, Marc. vi, Ioan. vi 마 14장, 막 6장, 요 6장

Anno xxxii. 44 xxiiii 32세 도해 44 (24)

A. Multitudo deliberans de creando Rege IESU.
B. Hoc cum sciret IESUS, primum praeire discipulos, et mare transmittere iubet.
C. Secedit deinde solus in montem, ut oret.
D. Mare Galilaeae, sive Tiberiadis, sive Genesareth.
E. Navis in medio mari iactatur fluctibus, laborant remigando discipuli.
F. IESUS ambulans super mare, navim praeterire velle se simulat.
G. Perturbantur discipuli, et quasi ad phantasma exclamant.
F. Dicit illis IESUS, Ego sum; nolite timere.
H. Petrus, concedente IESU, desilit in mare; titubans incipit mergi; eum IESUS a praesenti periculo eripit.

A. 군중들이 예수를 왕으로 삼고자 논의하다.
B. 예수께서 이 사실을 아시고 제자들에게 먼저 앞서가서 바다를 건너라고 명하시다.
C. 그 후에 기도하시러 홀로 산으로 물러나시다.
D. 갈릴리 혹은 디베료 혹은 게네사렛 바다.
E. 배가 바다 한가운데에서 파도에 흔들리니, 제자들이 노를 젓느라 애쓰다.
F. 예수께서 바다 위를 걸으시면서 배를 지나쳐 가고자 하는 것처럼 보이시다.
G. 제자들이 당황하여 마치 유령에게 하듯 소리치다.

27

[出像經解, BSB, 14b]

耶穌步海

예수께서 바다를 걸으시다

甲. 千衆感戴洪恩, 議立耶穌爲君。

乙. 耶穌欲避之, 先命宗徒渡海。

丙. 獨登山嘿用神功。

丁. 日搦撒海。

戊. 風逆濤作, 舟幾覆, 宗徒甚恐。

己. 耶穌知其危, 步海往救之。

庚. 宗徒初見履海者, 驚號以爲妖影。

己. 耶穌慰衆曰, 是我, 勿懼也。

辛. 伯鐸羅受命, 踊躍涉海而往, 因稍疑, 卽沈, 耶穌援而諭之。

壬. 耶穌登舟, 命風浪平息, 頃刻抵崖。

見行紀四卷一。

갑. 많은 사람이 큰 은혜에 감격하여 예수를 임금으로 세우려고 논의하다.

을. 예수께서 그들을 피하시려고 먼저 제자들에게 바다를 건너라고 명하시다.

병. 홀로 산에 올라 조용히 기도에 힘쓰시다.

정. 게네사렛 바다.

무. 바람이 거스르며 파도가 일어 배가 여러 차례 뒤집히니 제자들이 몹시 두려워하다.

기. 예수께서 그 위험을 아시고 바다를 걸어가 그들을 구하시다.

경. 제자들이 바다를 걷는 자를 처음 보고 놀라서 부르짖고 유령으로 여기다.

F. 예수께서 그들에게 말씀하시다. "나다, 두려워하지 말라."

H. 예수께서 허락하시자 베드로가 바다로 뛰어내리다. 그가 곧 몸을 가누지 못하고 가라앉기 시작하다. 예수께서 시급한 위험에서 그를 건지시다.

기. 예수께서 무리를 위로하여 “나다. 두려워 말라!”고 말씀하시다.
신. 베드로가 분부을 받고 뛰어내려 바다를 건너다가 의심함으로 빠지니 예수께서 구하고 깨우쳐 주시다.
임. 예수께서 배에 올라 명하시니 풍랑이 그치고 순식간에 기슭에 이르다.

『천주강생언행기략』 제4권 제1장을 보라.

FERIA V. POST DOMIN. I. QVADRAGES.

De Cananæa. 61

Matth. xv. Marc. vij. Anno xxxij. xxxi

A. Regio Tyri, & Sidonis in Phœnice.
B. Domus in pago, vbi voluit latere IESVS.
C. Tyrus non longe.
D. IESVM primum intellige domum ingressum, quem secuta est mulier.
E. Egressum consequitur; clamat; rogant pro ea discipuli. Respondet illi tandem IESVS; O mulier, &c.
F. Domus Cananææ, & in ea liberata filia à dæmonio.
G. Edunt catelli de micis cadentibus de mensa dominorum.

底落聖蹟
甲底落及西圜二地郡邑
乙鄉村房舍耶穌避蹟處
丙加納搦婦人追隨耶穌求救其被魔之女宗徒轉爲之祈耶穌嘆賞其信心而允其求
丁加納之女向被魔者即愈
戊席中主人有遺小犬食之譬此方外婦受耶穌餘恩
見行紀四卷四
甲
戊

FERIA V. POST DOMIN. I. QUADRAGES.

사순절 제1주일 후 목요일

De Cananaea

가나안 여인

Matth. xv, Marc. vii 마 15장, 막 7장

Anno xxxii. 61 xxxi 32세 도해 61 (31)

A. Regio Tyri, et Sidonis in Phaenice.

B. Domus in pago, ubi voluit latere IESUS.

C. Tyrus non longe.

D. Iesum primum intellige domum ingressum, quem secuta est mulier.

E. Egressum consequitur; clamat; rogant pro ea discipuli. Respondet illi tandem IESUS; O mulier, etc.

F. Domus Cananaeae, et in ea liberata filia a daemonio.

G. Edunt catelli de micis cadentibus de mensa dominorum.

A. 베니게의 두로와 시돈 지역.

B. 예수께서 몸을 피하시려는 마을의 어떤 집.

C. 멀지 않은 두로.

D. 예수께서 먼저 집으로 들어가고 여인이 그를 따라왔다고 생각하라.

E. 집에서 나온 예수를 그녀가 뒤따르며 소리치자, 제자들이 그녀를 위해 간구하다. 예수께서 마침내 그녀에게 대답하시다. “오 여자여” 등등.

F. 가나안 여인의 집. 그곳에서 딸이 귀신에게서 해방되다.

G. 강아지들이 주인상에서 떨어진 부스러기를 먹다.

28

[出像經解, BSB, 15a]

底落[49]聖蹟

두로에서의 거룩한 이적

甲. 底落及西團[50]二地郡邑。

乙. 鄉村房舍, 耶穌避蹟處。

丙. 加納搦[51]婦人, 追隨耶穌, 求救其被魔之女。宗徒轉爲之祈, 耶穌嘆賞其信心, 而允其求。

丁. 加納[52]之女, 向被魔者, 卽愈。

戊. 席中主人有遺小犬食之譬, 此方外婦, 受耶穌餘恩。

見行紀四卷四。

갑. 두로와 시돈 두 지역의 고을.

을. 시골집. 예수께서 피하여 가신 곳.

병. 가나안 여인이 예수를 쫓아가 귀신 들린 딸을 구해줄 것을 청하다. 제자들이 그녀의 간구를 전하니 예수께서 그녀의 믿음을 칭찬하시고 간구를 들어주시다.

정. 가나안 여인의 딸은 귀신 들린 것에서 즉시 낫다.

무. 잔치 자리에서 주인이 남긴 부스러기를 개가 먹는 비유. 이 이방 여인이 예수의 부스러기 은혜를 받다.

『천주강생언행기략』 제4권 제4장을 보라.

---

49 底落: 라틴어 "Tyrus"(두로)를 어근으로 하는 유럽어의 음역이다.

50 西團: 라틴어 "Sidon"(시돈)을 어근으로 하는 유럽어의 음역이다.

51 加納搦: 라틴어 "Cananaeus"(가나안)을 어근으로 하는 유럽어의 음역이다.

52 加納: 라틴어 "Cana"(가나)를 어근으로하는 유럽어의 음역이다.

DOMINICA QVINQVAGESIMAE.

Prænunciat IESVS suam crucem Apostolis. 80

Matt. xx. Marc. x. Luc. xviij. Anno xxxiij. xviij

A. *Ephrem vrbs, quo secesserat Christus, post suscitatum Lazarum.*	F. *Mortis damnatur à Principibus, &c.*
B. *Hierosolyma, vbi habetur concilium apud Caipham, de nece Christi IESV.*	G. *Traditur Pilato præsidi.*
C. *Christus Iericuntim, et Hierosolymam ascendens, mira alacritate discipulos præit.*	H. *Flagellatur.*
D. *Conuersus secreto eis suam ipsius mortem prænunciat.*	I. *Coronatur spinis, quod intelligitur, verbo illuditur.*
E. *A Iuda proditur, traditur gentibus.*	K. *Conspuitur; arundine, colaphis, alapis verberatur.*
	L. *Crucifigitur.*
	M. *Gloriosè resurgit à mortuis.*

預告宗徒受難諸端
甲
避跡處
乙 協露都城惡黨
聚謀害耶穌處
丙 耶穌忻往都城
密告宗徒將受
難諸事衆聞言
不勝驚愕力阻
丁 耶穌先告將爲
惡徒所負付與
異端
戊 付與惡官比辣
多及蓋法氏等
己 被惡黨議死
庚 受笞撻
辛 受加茨冠
壬 爲衆所侮苦辱
百端
癸 被釘十字架
子 死後三日必顯
榮復活
見行紀四卷九及十六卷三

DOMINICA QUINQUAGESIMAE

오순주일[17]

Praenunciat IESUS suam crucem Apostolis

예수께서 사도들에게 자신의 십자가를 예고하시다

Matt. xx, Marc. x, Luc. xviii 마 20장, 막 10장, 눅 18장

Anno xxxiii. 80 xviii 33세 도해 80 (18)

A. Ephrem urbs, quo secesserat Christus, post suscitatum Lazarum.

B. Hierosolyma, ubi habetur concilium apud Caipham, de nece Christi IESU.

C. Christus Iericuntim, et Hierosolymam ascendens, mira alacritate discipulos praeit.

D. Conversus secreto eis suam ipsius mortem praenunciat.

E. A Iuda proditur, traditur gentibus.

F. Mortis damnatur a Principibus, etc.

G. Traditur Pilato praesidi.

H. Flagellatur.

I. Coronatur spinis, quod intelligitur, verbo illuditur.

K. Conspuitur; arundine, colaphis, alapis verberatur.

L. Crucifigitur.

M. Gloriose resurgit a mortuis.

A. 그리스도께서 나사로를 일으키신 후 피하신 에브라임 성.

B. 예루살렘. 그곳에 있는 가야바 집에서 그리스도 예수를 살해할 계획이 세워지다.

17 사순절 전 제3주일.

29

[出像經解, BSB, 15b]

預告宗徒受難諸端

제자들에게 고난 받을 징조를 예고하시다

甲. 阨佛稜[53]城耶穌避跡處。

乙. 恊路[54]都城, 惡黨聚謀害耶穌處。

丙. 耶穌忻往都城, 密告宗徒, 將受難諸端事, 衆聞言, 不勝驚愕力阻。

丁. 耶穌先告, 將爲惡徒所負付與異端[55]。

己[56]. 被惡黨議死。

戊[57]. 付與惡官比辣多[58], 及蓋法氏[59]等。

庚. 受笞撻。

辛. 受加茨冠。

壬. 爲衆所侮苦辱百端。

癸. 被釘十字架。

子. 死後三日, 顯榮復活。

見行紀四卷九。

갑. 에브라임성. 예수께서 피하여 가신 곳.

을. 예루살렘 도성. 나쁜 무리가 예수를 해하려고 모의한 곳.

---

53 阨佛稜: 라틴어 “Ephrem”(에브라임)을 어근으로 하는 유럽어의 음역이다. 『天主降生出像經解』는 또 다른 음역 "弗稜"도 사용하고 있다.

54 恊路: 라틴어 “Hierosolyma”(예루살렘)를 어근으로 하는 유럽어의 음역 “恊路撒稜”의 축약형이다.

55 異端: 라틴어 “Gentes”(이방인들)의 번역어이다.

56 본문에는 己로 되어 있으나 순서상 戊가 옳다.

57 본문에는 戊로 되어 있으나 순서상 己가 옳다.

58 比辣多: 라틴어 “Pilatus”(빌라도)를 어근으로 하는 유럽어의 음역이다.

59 蓋法氏: 라틴어 “Caiphas”(가야바)를 어근으로 하는 유럽어의 음역이다.

C. 그리스도께서 여리고와 예루살렘으로 올라가실 때, 놀라울 정도로 빠른 걸음으로 제자들을 앞서가시다.

D. 예수께서 돌아서서 그들에게 은밀히 자신의 죽음을 예고하시다.

E. 유다에게 배반당하고 이방인들에게 넘겨지시다.

F. 관원들에 의해서 사형선고를 받으시니, 등등.

G. 총독 빌라도에게 넘겨지시다.

H. 채찍질을 당하시다.

I. 가시로 된 관이 씌워지고 잘 알려진 그런 말로 희롱당하시다.

K. 침 뱉음 당하시고 태형 막대기로, 주먹질로, 빰 후려침으로 매 맞으시다.

L. 십자가형에 처해지시다.

M. 영광스럽게 죽은 자들로부터 부활하시다.

병. 예수께서 기쁘게 도성에 가셔서 제자들에게 수난의 여러 징조를 은밀히 말씀하시니 사람들이 듣고 몹시 놀라서 힘써 말리다.
정. 예수께서 장차 악한 제자에 의해 이교도에게 넘겨질 것을 미리 말씀하시다.
기. 악한 무리에 의해 사형이 논의되다.
무. 악한 관리 빌라도와 가야바 등에게 넘겨지다.
경. 매질을 당하시다.
신. 가시관도 받으시다.
임. 무리에 의해 온갖 모욕을 당하시다.
계. 십자가에 못 박히시다.
자. 죽은 뒤 사흘 만에 영광을 드러내고 부활하시다.

『천주강생언행기략』 제4권 제9장을 보라.

SABBATHO POST DOMIN. I. QVADRAGES.

Transfiguratio Christi. 63

Matth. xvij. Marc. ix. Luc. ix. Anno xxxiij. xxxiij

A. *Paneas regio, vnde IESVS in Thabor montem proficiscitur.*

B. *Relictis alijs discipulis ad radices montis cum turba, Petrum, Iacobum, & Ioannem secum in cacumen assumpsit.*

C. *Thabor in campo magno Galilææ Esdrelon.*

D. *IESVS in planicie montis, cuius redundat gloria animæ in corpus, quæ fuit transfiguratio. Adsunt Moyses, & Elias.*

E. *Euigilantes quasi è somno discipuli, vident IESVM transfiguratum; & Petrus ait; Bonum est nos hic esse, &c.*

F. *Adhuc eo loquente, ecce, nubes obumbrauit eos; & fit vox Patris è cœlo, &c.*

G. *Moyses in limbum.*

H. *Elias in paradisum terrestrem raptus, cum Apostoli ad vocem cecidissent in terram.*

Dominica ij. Quadragesimæ, idem Euangelium legitur.

大博山中顯聖容

甲 加理勒地大博山

乙 耶穌留門徒餘衆在山麓攜伯鐸雅歌若望三徒登山

丙 耶穌至山頂其內神光煇發出遍體耀光如日服皓潔如雪梅瑟及厄利亞二聖顯見左右

丁 宗徒見耶穌聖容不勝欣慰

戊 白雲忽遶護左右隨聞自天罷德助之聲云是乃我愛子爾輩宜聽之

巳 天神攜梅瑟復至古聖人暫候所

庚 厄利亞復詣福地三徒醒而不復見也

見行紀四卷十

SABBATHO POST DOMIN. I. QUADRAGES.

사순절 제1주일 후 토요일

Transfiguratio Christi

그리스도의 변화

Matth. xvii, Marc. ix, Luc. ix 마 17장, 막 9장, 눅 9장

Anno xxxiii. 63 xxxiii 33세 도해 63 (33)

A. Paneas regio, unde IESUS in Thabor montem proficiscitur.

B. Relictis aliis discipulis ad radices montis cum turba, Petrum, Iacobum, et Ioannem secum in cacumen assumpsit.

C. Thabor in campo magno Galilaeae Esdrelon.

D. IESUS in planicie montis, cuius redundat Gloria animae in corpus, quae fuit transfiguratio. Adsunt Moyses, et Elias.

E. Evigilantes quasi e somno discipuli, vident IESUM transfiguratum; et Petrus ait; Bonum est nos hic esse, etc.

F. Adhuc eo loquente, ecce, nubes obumbravit eos; et fit vox Patris e caelo, etc.

G. Moyses in limbum.

H. Elias in paradisum terrestrem raptus, cum Apostoli ad vocem cecidissent in terram.

A. 파네아스[18] 지역. 거기에서 예수께서 다볼 산으로 떠나시다.

B. 다른 제자들이 군중과 함께 산기슭에 남아있는 동안 베드로와 야고보와 요한을 산꼭대기로 데려가시다.

18 Paneas(파네아스): 가이사랴 빌립보 지역을 의미한다.

30

[出像經解, BSB, 16a]

大博山中顯聖容

다볼산에서 성스러운 모습을 드러내시다

甲. 加理勒[60]大博山。

乙. 耶穌留門徒餘衆, 在山麓, 携伯鐸[61]雅歌[62]若望[63]三徒, 登山。

丙. 耶穌至山頂, 其內神光輝發出遍體耀光如日, 服皓潔如雪, 梅瑟及厄利亞二聖, 顯見左右。

丁. 宗徒見耶穌聖容, 不勝欣慰。

戊. 白雲忽遶護左右, 隨聞自天罷德肋之聲云, 是乃我愛子, 爾輩宜聽之。

己. 天神携梅瑟[64], 復至古聖人暫候所[65]。

庚. 厄利亞[66]復詣福地[67], 三徒醒而不復見也。

見行紀四卷十。

갑. 갈릴리 다볼산.

을. 예수께서 제자들과 나머지 무리를 산기슭에 머물게 하고 베드로, 야고보, 요한 세 제자를 데리고 산에 오르시다.

---

60 加理勒: 라틴어 "Galilaea"(갈릴리)를 어근으로 하는 유럽어의 음역이다.

61 伯鐸: 라틴어 "Petrus"(베드로)을 어근으로 하는 유럽어의 음역 "伯鐸羅"의 축약형이다.

62 雅歌: 라틴어 "Iacobus"(야고보)를 어근으로 하는 유럽어의 명청대 음역 "雅歌伯" 또는 "雅各伯"의 축약형이다.

63 若望: 라틴어 "Ioannes"(요한)를 어근으로 하는 유럽어의 음역이다. 『天主降生出像經解』는 세례자 요한의 음역으로는 "若翰"을 사용하고 있다.

64 梅瑟: 라틴어 "Moyses"(모세)를 어근으로 하는 유럽어의 음역이다.

65 古聖人暫候所: 라틴어 "Limbus"(림보)의 번역어이다. 『天主降生出像經解』는 음역 "靈薄" 도 사용하고 있다.

66 厄利亞: 라틴어 "Elias"(엘리야)를 어근으로 하는 유럽어의 음역이다.

67 福地: 라틴어 "paradisus terrestris"(지상 낙원)의 번역어이다.

C. 갈릴리 대평원 에스드렐론에 있는 다볼 산.

D. 산꼭대기 평지의 예수. 그의 영혼의 영광이 몸으로 넘쳐흐르니 이것이 변화되심이었다. 모세와 엘리야도 있다.

E. 잠에서 깨어난 듯한 제자들이 변화되신 예수를 바라보다. 베드로가 말한다. "우리가 여기 있는 것이 좋습니다." 등등.

F. 그가 말하고 있는 동안에 보니 구름이 그들을 덮고 하늘로부터 하나님 아버지의 소리가 들리고, 등등.

G. 림보에 있는 모세.

H. 사도들이 소리를 듣고 땅에 엎드렸을 때, 엘리야가 지상 낙원으로 올려지다.

병. 예수께서 산꼭대기에 이르시니 그 안에서 신성한 빛이 나와 온몸에 퍼지는데 해와 같이 빛나고 옷이 눈과 같이 희어졌으며 모세와 엘리야 두 성인이 좌우에 나타나다.
정. 제자들이 예수의 거룩한 모습을 보고 더없이 기뻐하고 안심하다.
무. 흰 구름이 홀연 좌우를 둘러 보호하고, 하늘로부터 아버지의 음성을 들었는데, "이는 바로 나의 사랑하는 아들이다. 너희는 마땅히 그의 말을 들어야 한다."고 이르시다.
기. 천사가 모세를 데리고 다시 옛 성인들이 잠시 머무는 장소에 이르다.
경. 엘리야는 다시 복된 땅에 이르고 세 제자는 깨어나 그들을 다시 보지 못하다.

『천주강생언행기략』 제4권 제10장을 보라.

FERIA IIII. POST DOMIN. IIII. QVADRAG. 57

Sanatur Cæcus natus.

Ioan. ix. Anno xxxij. lix

A. *Templum, vnde egreſsus fuerat* IESVS, *& abſconderat ſe, cum eum volebant lapidare Iudæi.*	G. *Lauit cæcus, redit videns.*
B. *Cæcus ſedens, & mendicans non procul à templo.*	H. *Varia contentio, primum inter vicinos, hic eſt, non eſt, ſed ſimilis ei &c.*
C. *Chriſtum interrogant Apoſtoli, quis peccauit, reſpondet* IESVS, *& docet eos.*	I. *Ducitur ad Phariſæos; interrogatur; fit ſchiſma inter eos.*
D. *Expuit Chriſtus in terram, facit lutum.*	K. *Vocantur parentes, qui vix audent dicere.*
E. *Inungit oculos cæci; iubet lauari.*	L. *Exiſtit rurſus acrior, inter Phariſæos, & eum, qui cæcus fuerat, contentio.*
F. *In natatoria Siloe, iuxta ruinam turris, quæ oppreſsit xviij. homines.*	M. *Phariſæi demum hominem execrati, è Synagoga eijciunt.*
	N. *Inuenit itaque eum Chriſtus ac recipit, ſeq; illi Dei Filium eſſe declarat.*

胎瞽得明證主

甲天主聖殿
乙胎瞽坐在聖殿近處
乞食
丙耶穌過宗徒詢胎瞽
何罪至此而蒙開示
丁耶穌以口液和土抹
瞽者之目而命往洗
戊有西落陁水近古池
樓瞽者依命往洗
己得明踴歸
庚衆奇其目得明疑即
是前瞽者似與非與
辛學士再三問其獲明
之繇彼此疑議不合
壬復詢其父毋又與向
瞽者辯論耶穌功能
癸學士心瞽終不能悟
反詈得明者使去
子耶穌途遇向瞽者而
復啓其神目
見行紀四卷二十

FERIA IIII. POST DOMIN. IIII. QUADRAG.

사순절 제4주일 후 수요일

Sanatur Caecus natus

나면서 눈이 먼 사람이 치유되다

Ioan. ix 요 9장

Anno xxxii. 57 lix 32세 도해 57 (59)

A. Templum, unde egressus fuerat IESUS, et absconderat se, cum eum volebant lapidare Iudaei.

A. Caecus sedens, et mendicans non procul a templo.

C. Christum interrogant Apostoli, quis peccavit, respondet IESUS, et docet eos.

D. Expuit Christus in terram, facit lutum.

E. Inungit oculos caeci; iubet lavari.

F. In natatoria Siloe, iuxta ruinam turris, quae oppressit xviii. homines.

G. Lavit caecus, redit videns.

H. Varia contentio, primum inter vicinos, hic est, non est, sed similis ei etc.

I. Ducitur ad Pharisaeos; interrogatur; fit schisma inter eos.

K. Vocantur parentes, qui vix audent dicere.

L. Existit rursus acrior, inter Pharisaeos, et eum, qui caecus fuerat, contentio.

M. Pharisaei demum hominem execrati, e Synagoga eiiciunt.

N. Invenit itaque eum Christus ac recipit, seque illi Dei Filium esse declarat.

A. 성전. 그곳에서 예수께서 나오셨고, 유대인들이 그를 돌로 치려고 하자 숨으셨다.

31

[出像經解, BSB, 16b]

胎瞽得明證主

나면서 눈이 멀었던 자가 눈이 밝아져서 주를 증거하다

甲. 天主聖殿。

乙. 胎瞽, 坐在聖殿近處, 乞食。

丙. 耶穌過, 宗徒詢, 胎瞽何罪至此, 而蒙開示。

丁. 耶穌, 以口液和土, 抹瞽者之目, 而命往洗。

戊. 有西落阨[68]水近, 古圯樓, 瞽者依命往洗。

己. 得明踊歸。

庚. 衆奇其目明, 疑卽是前瞽者, 似與非與。

辛. 學士, 再三問其獲明之繇 彼此疑議不合。

壬. 復詢其父母, 又與向瞽者辯論, 卽耶穌功能。

癸. 學士心瞽, 終不能悟, 反詈得明者使去。

子. 耶穌途遇向瞽者, 而復啓其神目。

見行紀四卷二十。

갑. 천주의 성전.

68 西落阨: 라틴어 "Siloam"(실로암)를 어근으로 하는 유럽어의 음역이다.

B. 성전에서 멀지 않은 곳에 앉아 구걸하는 눈이 먼 사람.

C. 누가 죄를 지었는지 사도들이 그리스도께 물어보다. 예수께서 대답하여 그들을 가르치시다.

D. 그리스도께서 땅에 침을 뱉어 진흙을 만드시다.

E. 눈이 먼 사람의 눈에 바르고 씻으라고 명하시다.

F. 열여덟 사람을 덮친 망대의 잔해 근처에 있는 실로암 못에서 명하시다.

G. 눈이 먼 사람이 씻고 눈이 밝아져 돌아가다.

H. 먼저 인근 사람들 가운데, "이 사람이 그인가 아닌가, 아니면 그와 닮은 사람인가?" 하는 등등의 여러 논쟁이 일어나다.

I. 그가 바리새인들에게 끌려가서 심문받다. 그들 사이에 분열이 일어나다.

K. 부모들도 소환되었으나, 그들은 감히 아무 말도 할 수 없다.

L. 바리새인들과 눈이 먼 자 사이에 더욱 격렬한 논쟁이 재차 불거지다.

M. 바리새인들이 결국 이 사람을 저주하고, 회당에서 추방하다.

N. 그 후에 그리스도께서 그를 만나 영접하시고 자신이 하나님의 아들이라고 그에게 선언하시다.

을. 나면서 눈이 멀었던 자가 성전 근처에 앉아서 구걸하다.
병. 예수께서 지나가시니 제자들이 "나면서 눈이 먼 것은 무슨 죄로 그렇게 되었습니까?"라고 물으니, 이에 가르침을 주시다.
정. 예수께서 침과 흙을 눈이 먼 자의 눈에 바르고 가서 씻으라고 명하시다.
무. 실로암 못 근처에 오래된 흙 망대가 있었는데 명하신 대로 눈이 먼 자가 가서 씻다.
기. 눈이 밝아지자 뛰어서 돌아가다.
경. 많은 사람들이 그의 눈이 밝아진 것을 기이하게 여기고 예전의 그 눈이 먼 자인지를 의심하다.
신. 바리새인들이 여러 차례 그의 눈이 밝아지게 된 까닭을 헤아렸으나 서로 의견이 일치하지 않다.
임. 그의 부모에게 다시 묻고 이제껏 눈이 먼 자와 더불어 변론하니, 이것은 곧 예수의 능력이다.
계. 바리새인들은 마음의 눈이 어두워져서 끝내 깨닫지 못하고 도리어 눈이 밝아진 이를 욕하고 돌아가게 하다.
자. 예수께서 길에서 그 눈이 멀었던 자를 만나서 다시 그의 영의 눈도 열어 주시다.

『천주강생언행기략』 제4권 제20장을 보라.

FERIA V. POST DOMIN. II. QVADRAGES.
De Diuite Epulone. 73
Luc. xvi. Anno xxxiij. xxxvii.

A. IESVS in finibus Iudææ trans Iordanem, vbi hæc docuit.	D. Dæmones auctores tantæ nequitiæ obsident cœnationem & domum.
B. Epulonis conuiuium splendidum; ipse indutus purpura, & bysso, &c.	E. Lazarum ad ianuam Diuitis iacentem, vlceribus plenum, nemo reficit, ne micis quidem, &c.
C. Symphoniaci psallunt ad epulas.	

貧富生時異景
甲耶穌在若而
當河表訓諭
門第
乙富人日衣華
服豐筵長飲
爲樂
丙酒中奏樂
丁邪魔敞誘其
室
戊貧而善者辣
雜琭仆乞富
人之門犬舐
其瘡而無人
憐之

FERIA V. POST DOMIN. II. QUADRAGES.

사순절 제2주일 후 목요일

De Divite Epulone

부유한 에풀로

Luc. xvi 눅 16장

Anno xxxiii. 73 xxxvii 33세 도해 73 (37)

A. IESUS in finibus Iudaeae trans Iordanem, ubi haec docuit.

B. Epulonis convivinum splendidum; ipse indutus purpura, et bysso, etc.

C. Symphoniaci psallunt ad epulas.

D. Daemones auctores tantae nequitiae obsident coenationem et domum.

E. Lazarum ad ianuam Divitis iacentem, ulceribus plenum, nemo reficit, ne micis quidem, etc.

A. 예수께서 요단강 건너편 유대 지방의 경계에서 이것들을 가르치시다.

B. 에풀로[19]의 화려한 회식 모임. 그는 자주색 옷과 아마포 등등을 입고 있다.

C. 악대들이 연회에서 연주하다.

D. 이러한 사치의 창시자 악마들이 식당과 집을 차지하다.

E. 부자의 문 앞에 누워 있는 종기들로 가득 찬 나사로에게 아무도 먹을 부스러기조차 주지 않다.

---

19 Epulo(에풀로): 고대 연회를 주관하는 사람을 의미한다.

32

[出像經解, BSB, 17a]

貧富生時異景

가난한 자와 부유자의 살아있을 때의 다른 모습

甲. 耶穌在若而當河表, 訓諭門弟。

乙. 富人, 日衣華服, 豊禮筵長飮爲樂。

丙. 酒中奏樂。

丁. 邪魔, 瞰誘其室。

戊. 貧而善者辣雜琭[69], 仆乞富人之門, 犬舐其痍, 而無憐人之。

見行紀五卷十九。

갑. 예수께서 요단 강 기슭에서 제자들을 가르치시다.

을. 부자가 날마다 의복을 잘 차려입고 잔치에서 늘 마시고 즐기다.

병. 술자리에서 음악을 연주하다.

정. 사악한 마귀가 그의 집안을 속이고 유혹하다.

무. 가난하고 착한 나사로가 부잣집 문전에서 엎드려 구걸하고, 개가 그의 상처를 핥는데 불쌍히 여기는 사람이 없다.

『천주강생언행기략』 제5권 제19장을 보라.

---

69 辣雜琭: 라틴어 “Lazarus”(나사로)를 어근으로 하는 유럽어의 음역이다.

EADEM FERIA.

De morte Epulonis & Lazari. 74

Eodem cap. Anno xxxiij. xxxviii

A. *Epulo cum morte luctatur; abripitur à diabolis eius anima; sepelitur in inferno.*
B. *Misere se affligit vxor, et tota familia.*
C. *Diripitur à furibus domus.*
D. *Effodiunt sepulcrum Epuloni in terra homines, vt in inferno dæmones.*
E. *Contra; Lazarum morientem excipit lux, & Angeli portandum in limbum Patrum.*

貧善富惡死後殊報
甲富翁臨終惶
苦殊甚其魂
被魔牽入永
獄
乙妻孥闔家慟
哭
丙盜爭偷其家
貲
丁屍葬於地魂
禁於寬獄
戊貧而善者棟
匝錄臨終泰
然天光照之
天神送置於
古聖安所
見五卷十九

EADEM FERIA

사순절 제2주일 후 목요일

De morte Epulonis et Lazari

에풀로와 나사로의 죽음

Eodem cap. 눅 16장

Anno xxxiii. 74 xxxviii 33세 도해 74 (38)

A. Epulo cum morte luctatur; abripitur a diabolis eius anima; sepelitur in inferno.

B. Misere se affligit uxor, et tota familia.

C. Diripitur a furibus domus.

D. Effodiunt sepulcrum Epuloni in terra homines, ut in inferno daemones.

E. Contra; Lazarum morientem excipit lux, et Angeli portandum in limbum Patrum.

A. 에풀로가 죽음과 싸우다. 그의 영혼은 마귀들에 의해 끌려가고, 그는 음부에 묻히다.

B. 아내와 온 가족이 절망하며 한탄하다.

C. 도둑들에 의해 집이 약탈당하다.

D. 귀신들이 음부에서 하듯 사람들이 땅에 있는 에풀로의 무덤을 파다.

E. 반대로, 빛이 죽은 나사로를 들어내고, 천사들은 그를 조상들의 림보로 옮기다.

33

[出像經解, BSB, 17b]

貧善富惡死後殊報

가난하나 착한 자와 부유하나 악한 자는 죽은 후에 서로 다른 보응을 받는다

甲. 富翁臨終, 惶苦殊甚, 其魂被魔牽入永獄。

乙. 妻孥闔家慟哭。

丙. 盜爭偸其家貲。

戊. 貧而善者辣雜琭, 臨終泰然。天光照之, 天神送置於古聖安所[70]。

見行紀五卷十九。

갑. 부자가 죽을 때 두려움과 고통이 극심하고 그 영혼이 마귀에 의해 영원한 지옥에 끌려 들어가다.

을. 아내와 자식들과 온 가족이 통곡하다.

병. 도둑이 그 집의 재물을 다투어 훔쳐가다.

무. 가난하나 착한 나사로가 편안히 죽다. 하늘의 빛이 그를 비추고, 천사가 고성소 편안한 곳에 보내다.

『천주강생언행기략』 제5권 제19장을 보라.

70 古聖安所: 라틴어 "Limbus Patrum"(조상들의 림보)의 번역어이다. 『天主降生出像經解』는 "古聖人暫候所"라는 용어도 사용하고 있다.

DOMINICA SEPTVAGESIMAE

De conuentione ex denario diurno. 72

Matt. xx. *Anno xxxiij.* xvi

A. IESVS *in itinere, à Galilæa ad fines Iudææ trans Iordanem, docet.*
B. *Pater familias primo mane conducit operarios.*
C. *Idem facit hora tertia.*
D. *Idem ſexta.*
E. *Idem nona.*
F. *Tandem circa horam vndecimam idem facit. Deſignantur autem horæ in circulis, per ſolem ſuper horizontem.*
G. *Vinea, quò mittuntur operarij, & varie occupantur.*
H. *Dominus vineæ, ſiue Pater familias præſcribens procuratori.*
I. *Procurator exequitur mandatum, & æqualiter omnibus enumerat: primi conqueruntur, &c.*

天賞喻

甲耶穌河外設喻
以論天賞
乙家督晨出募傭
治圃
丙巳時又募
丁午正亦然
戊日昃又募
巳日將暮又招傭
其五時之別以
日輪高下于五
圜中繪示
庚葡萄林衆傭各
治圃處
辛比夕家督命掌
役者給值
壬掌役者如命各
均給一錢蓋指
天賞貫人成終
之意
見五卷二十五

DOMINICA SEPTUAGESIMAE

칠순주일[20]

De conventione ex denario diurno

하루 일당 한 데나리온의 약속

Matt. xx 마 20장

Anno xxxiii. 72 xvi 33세 도해 72 (16)

A. IESUS in itinere, a Galiliaea ad fines Iudaeae trans Iordanem, docet.

B. Pater familias primo mane conducit operarios.

C. Idem facit hora tertia.

D. Idem sexta.

E. Idem nona.

F. Tandem circa horam undecimam idem facit. Designantur autem horae in circulis, per solem super horizontem.

G. Vinea, quo mittuntur operarii, et varie occupantur.

H. Dominus vineae, sive Pater familias praescribens procuratori.

I. Procurator exequitur mandatum, et aequaliter omnibus enumerat. primi conqueruntur, etc.

A. 예수께서 갈릴리로부터 요단강 건너편 유대 지방의 경계로 여행하며 가르치시다.

B. 집주인이 이른 아침 제1시에 일꾼들을 모으다.

C. 제3시에 같은 일을 행하다.

D. 제6시에 같은 일을 행하다.

E. 제9시에 같은 일을 행하다.

F. 마침내 제11시에도 같은 일을 행하다. 매 시간들이 지평선 위, 해의 위치에 따라 원들 안에 표시되다.

---

20 사순절 전 제1주일.

34

[出像經解, BSB, 18a]

天賞喩

천국 상급의 비유

甲. 耶穌河外設喩, 以論天賞。
乙. 家督晨出, 募傭治圃。
丙. 巳時[71]又募。
丁. 午正[72]亦然。
戊. 日昃[73]又募。
巳. 日將暮[74], 又招傭。其五時之別, 以日輪高下, 于五圜中繪示。
庚. 葡萄林衆傭, 各治圃處。
辛. 比夕家督, 命掌役者給值。
任. 掌役者, 如命各均給一錢。蓋指天賞, 貴人成終之意。

見行紀五卷二十五。

갑. 예수께서 강 기슭에서 비유로 천국의 상급을 논하시다.
을. 집주인이 새벽(晨)에 나가서 포도원에서 일할 품꾼을 부르다.
병. 아침(巳時)에 또 부르다.
정. 정오에 또 그렇게 하다.
무. 해가 기울어도 또 부르다.
기. 날이 저무는데도 또 품꾼을 부르다. 해의 높낮이로 다섯 때를 구분하여 다섯 개의 원 안에 그려 보이다.

---

71 巳時: 라틴어 "hora tertia"(제3시)의 번역어로 오전 9-11시를 의미한다.
72 午正: 라틴어 "hora sexta"(제6시)의 번역어로 낮 12시를 의미한다.
73 日昃: 라틴어 "hora nona"(제9시)의 번역어로 해가 기울기 시작할 때를 의미한다.
74 日將暮: 라틴어 "hora undecima"(제11시)의 번역어로 해가 저물려고 할 때를 의미한다.

G. 일꾼들이 보내져 여러 가지로 일하는 포도원.

H. 포도원 주인 혹은 집주인이 관리자에게 명하다.

I. 관리자는 명령을 따르고, 모두에게 똑같이 품삯을 지불하다. 먼저 온 자들이 원망하다, 등등.

경. 포도원의 많은 품꾼이 각각 일하는 곳.

신. 날이 저물매 집주인이 청지기에게 명하여 품삯을 치르다.

임. 청지기가 명령에 따라 각 사람에게 1전씩 똑같이 지불하다. 무릇 천국에서의 상급은 사람이 마지막에 이루는 것을 귀하게 여긴다는 뜻을 가리킨다.

『천주강생언행기략』 제5권 제25장을 보라.

FERIA VI. POST DOMIN. IIII. QVADRAGESIMÆ.

Mittuntur nuncij à ſororibus de graui morbo Lazari. 76

Ioan. ix. Anno xxxiij. lxi

A. *Bethania Caſtellum Mariæ & Marthæ.*

B. *Lazarus grauiter ægrotans decumbit, inſeruiunt ei ſorores.*

C. *Mittunt nuncios ad IESVM Bethabaram.*

D. *Bethabara, oppidum trans Iordanem, in tribu Ruben.*

E. *Deueniunt ad IESVM nuncij & tamen hæret Bethabaræ, donec veniat ad quatriduanum.*

伯大尼亞邑起死者於墓

甲辣雜琭住伯大尼
亞邑病亟
乙二妹遣人往禀
耶穌
丙耶穌自遠方數日
後方抵伯大尼亞
丁辣雜琭已葬四日
都人士接踵來吊
戊二妹恭迎耶穌
己耶穌至死者墓前
令除墓碑大呼命
辣雜琭出
庚死者即復活出墓
辛耶穌命宗徒解斂
令其自如
壬衆人嘆服緣此多
有信從
癸以此靈異有超擢
于學士者
見行紀五卷十六

EADEM FERIA VI.

Venit IESVS Bethaniam. 77

Eodem cap. Anno xxxiij. lxij

A. *Venit IESVS à Bethabara Bethaniam.*
B. *Nunciant Marthæ nuncij venisse IESVM.*
C. *Occurrit Martha IESV, vbi subsisterat iuxta sepulchrum Lazari, nec procidit ad pedes sedula & actuosa virgo; fratrem vix credit ad vitam posse reuocari.*
D. *Abit, vocat Mariam ad IESVM.*
E. *Hæc procidit ad pedes IESV, plorat; collacrymantur Iudæi.*
F. *Infremit IESVS, turbat se, lacrymatur; quærit, vbi eum posuerint.*
G. *Sepulchrum Lazari.*

伯大尼亞邑起死者於墓

甲辣雜琭住伯大尼亞邑病亟
乙二妹遣人往稟耶穌
丙耶穌自遠方數日後方抵伯大尼亞
丁辣雜琭已葬四日都人士接踵來吊
戊二妹恭迎耶穌
己耶穌至死者墓前令除墓碑大呼命辣雜琭出
庚死者卽復活出墓
辛耶穌命宗徒解斂令其自如
壬衆人嘆服緣此多有信從
癸以此靈異有趨稟于學士者
見行紀 五卷十[illegible]

EADEM FERIA VI.

Suscitat Lazarum IESVS. 78

Eodem cap. Anno xxxiij. lxiij

A. *Dixerat Martha et alij IESV; Veni & vide.*
B. *Venit IESVS ad ſepulcrum, iubet tolli lapidem.*
C. *Tollunt Apoſtoli.*
B. *Orat Chriſtus ſublatis oculis in cœlum; deinde clamat voce magna; Lazare, veni foras.*
D. *Prodit Lazarus ligatus, vt erat; quem IESVS iubet ſolui & abire.*
E. *Soluunt Apoſtoli, abire ſinunt.*
F. *Stupent omnes. Multi ex Iudæis credunt in IESVM.*
G. *Venit IESVS, & Lazarus cum ſuis domum, inde in Ephrem ſecedit.*
H. *Aliqui Iudæi veniunt ad Phariſæos, & nunciant, quæ fecerat IESVS.*

伯大尼亞邑起死者於墓

甲辣雜琭在伯大尼
亞邑病亟
乙二妹遣人往禀
耶穌
丙耶穌自遠方数日
後方抵伯大尼亞
丁辣雜琭已葬四日
都人士接踵來吊
戊二妹恭迎耶穌
巳耶穌至死者墓前
令除墓碑大呼命
辣雜琭出
庚死者即復活出墓
辛耶穌命宗徒解斂
令其自如
壬衆人嘆服緣此多
有信從
癸以此靈異有趨讒
于學士者
見行紀五卷十

FERIA VI. POST DOMIN. IIII. QUADRAGESIMAE
사순절 제4주일 후 금요일
Mittuntur nuncii a sororibus de gravi morbo Lazari
자매들이 나사로의 심각한 병에 대해 전하도록 전령들을 보내다

Ioan. xi 요 11장[21]

Anno xxxiii 76 lxi 33세 도해 76 (61)

A. Bethania Castellum Mariae et Marthae.

B. Lazarus graviter aegrotans decumbit, inserviunt ei sorores.

C. Mittunt nuncios ad IESUM Bethabaram.

D. Bethabara, oppidum trans Iordanem, in tribu Ruben.

E. Deveniunt ad IESUM nuncii et tamen haeret Bethabarae, donec veniat ad quatriduanum.

A. 마리아와 마르다의 베다니 성.

B. 나사로가 심하게 앓으며 누워 있고, 자매들이 그를 보살피다.

C. 자매들이 베다바라로 예수께 전령들을 보내다.

D. 르우벤 지파에 속한 요단강 건너편 마을 베다바라

E. 전령들이 예수께 도착했으나, 그는 나흘이 지나 떠나시기까지 베다바라에 머무르시다.

21 도해에는 "ix" 즉 9장으로 잘못 표기되어 있다.

35

[出像經解, BSB, 18b]

伯大尼亞[75]邑起死者於墓
베다니 마을에서 죽은 자를 무덤에서 일으키시다

甲. 辣雜琭在伯大尼亞邑病亟。
乙. 二妹遣人往稟耶穌。

丁. 辣雜琭以葬四日, 都人士接踵來弔。

갑. 베다니에 사는 나사로가 중한 병을 앓다.
을. 두 자매가 사람을 보내서 예수께 아뢰다.

정. 나사로의 장례식 나흘 동안 마을 사람들이 잇따라 와서 조문하다.

75 伯大尼亞: 라틴어 "Bethania"(베다니)를 어근으로 하는 유럽어의 음역이다.

EADEM FERIA VI
사순절 제4주일 후 금요일
Venit IESUS Bethaniam
예수께서 베다니로 오시다

Eodem cap. 요 9장

Anno xxxiii. 77 lxii 33세 도해 77 (62)

A. Venit IESUS a Bethabara Bethaniam.

B. Nunciant Marthae nuncii venisse IESUM.

C. Occurrit Martha IESU, ubi substiterat iuxta sepulchrum Lazari, nec procidit ad pedes sedula et actuosa virgo; fratrem vix credit ad vitam posse revocari.

D. Abit, vocat Mariam ad IESUM.

E. Haec procidit ad pedes IESU, plorat; collacrymantur Iudaei.

F. Infremit IESUS, turbat se, lacrymatur; quaerit, ubi eum posuerint.

G. Sepulchrum Lazari.

A. 예수께서 베다바라에서 베다니로 오시다.

B. 전령들이 마르다에게 예수께서 오셨다고 알리다.

C. 마르다가 나사로의 무덤 가까이에 있다가 예수에게로 달려가다. 부지런하고 활동적인 마르다는 예수의 발아래 엎드리지 않고, 오라버니가 다시 살아날 수 있다는 사실을 거의 믿지 않는다.

D. 마르다가 가서 마리아를 예수께로 부르다.

E. 마리아는 예수의 발아래 엎드려 울부짖고, 유대인들도 함께 울다.

F. 예수께서 크게 소리 내시며 언짢아하시며 크게 우시다. 나사로를 어디에 두었냐고 물으시다.

G. 나사로의 무덤.

丙. 耶穌自遠方, 數日後, 方抵伯大尼亞。

戊. 二妹恭迎耶穌。

병. 며칠 후에 예수께서 먼 곳에서 베다니에 도달하시다.

무. 두 자매가 공손히 예수를 영접하다.

EADEM FERIA VI
사순절 제4주일 후 금요일
Suscitat Lazarum IESUS
예수께서 나사로를 일으키시다

Eodem cap. 요 9장

Anno xxxiii, 78 lxiii 33세 도해 78 (63)

A. Dixerat Martha et alii IESU; Veni et vide.

B. Venit IESUS ad sepulcrum, iubet tolli lapidem.

C. Tollunt Apostoli.

B. Orat Christus sublatis oculis in caelum; deinde clamat voce magna; Lazare, veni foras.

D. Prodit Lazarus ligatus, ut erat; quem IESUS iubet solui et abire.

E. Solvunt Apostoli, abire sinunt.

F. Stupent omnes. Multi ex Iudaeis credunt in IESUM.

G. Venit IESUS, et Lazarus cum suis domum, inde in Ephrem secedit.

H. Aliqui Iudaei veniunt ad Pharisaeos, et nunciant, quae fecerat IESUS.

A. 마르다와 다른 이들이 예수께 말하다. “와서 보소서.”

B. 예수께서 무덤에 이르러 돌을 치우라고 명하시다.

C. 사도들이 돌을 치우다.

B. 예수께서 눈을 하늘로 들어 올리고 기도하시다. 이어서 큰 소리로 외치시다. “나사로야, 나오라.”

D. 무덤에 있었던 대로 나사로가 베로 묶인 채로 앞으로 나오다. 예수께서 그를 풀어주어 가게 하라고 명하시다.

E. 사도들이 그를 풀어주고, 가게 하다.

F. 모든 사람들이 놀라다. 유대인들 중에 많은 이들이 예수를 믿다.

G. 예수께서 가시고 나사로도 자기 가족과 함께 집으로 가다. 예수께서 거

己. 耶穌至死者墓前, 令除墓碑, 大呼命辣雜琭出。

庚. 死者, 卽復活, 出墓。
辛. 耶穌命宗徒解斂, 令其自如。
任. 衆人嘆服, 緣此多有信徒。

見行紀五卷十六。

기. 예수께서 죽은 자의 무덤 앞에 이르러, "무덤돌(墓碑)을 치우라!"고 명하시고, "나사로야, 나오너라!"고 크게 부르시다.
경. 죽은 자가 즉시 다시 살아나서 무덤에서 나오다.
신. 예수께서 제자들에게 묶은 것을 풀어주도록 하시고, 나사로가 스스로 걸어가라고 명하시다.
임. 여러 사람들이 탄복하고 이로 인하여 믿는 자가 많아지다.

기서 에브라임 마을로 물러나시다.

H. 다른 유대인들은 바리새인들에게 가서 예수께서 행하신 일들을 알리다.

『천주강생언행기략』 제5권 제16장을 보라.

FERIA VI. POST DOMIN. PASSIONIS.

Concilium de nece IESV.

Ioan. xi. Anno xxxiij. 79 lxx

A. *Bethania, et Lazari suscitatio, vnde occasionem sumpserunt Iudæi contra* IESVM.

B. *Concursus omnium ad* IESVM, *qui ne fieret pertimescebant Iudæi.*

C. *Exercitus Romanorum, quos formidabant, ne gentem Iudæorum delerent.*

D. *Cathedra et consessus nefarius Principum & Pharisæorum.*

E. *In cathedra Caiphas sceleratus Pontifex vaticinatur* IESVM *occidendum &c.*

F. *Secedit aliquot dies* IESVS *Ephrem, vt tempore â Patre constituto patiatur.*

異學妬謀耶穌

甲 伯大尼邑耶穌起死者于墓因而如德亞國人生妬而謀害耶穌

乙 天下億兆見耶穌靈蹟深慕歸依即如德亞人所切忌者

丙 羅瑪國軍師如德亞人所慮後奪其國者

丁 異學與掌教二黨惛悖坐謀而魔煽惑其中

戊 蓋法氏司教宣言寧一人死以免衆人死蓋指耶穌實爲萬民死

己 耶穌姑與弟子往居弗棱待時而出

見行紀六卷一

ERIA VI. POST DOMIN. PASSIONIS
수난주일 후 금요일
Concilium de nece IESU
예수 살해에 대한 모의

Ioan. xi 요 11장

Anno xxxiii, 79 lxx 33세 도해 79 (70)

A. Bethania, et Lazari suscitatio, unde occasionem sumpserunt Iudaei contra IESUM.

B. Concursus omnium ad IESUM, qui ne fieret pertimescebant Iudaei.

C. Exercitus Romanorum, quos formidabant, ne gentem Iudaeorum delerent.

D. Cathedra et consessus nefarius Principum et Pharisaeorum.

E. In cathedra Caiphas sceleratus Pontifex vaticinatur IESUM occidendum etc.

F. Secedit aliquot dies IESUS Ephrem, ut tempore a Patre constituto patiatur.

A. 베다니, 그리고 나사로의 소생. 이로부터 유대인들은 예수를 해치려는 기회를 포착하다.

B. 예수께로 모두 모여들다. 유대인들은 이런 일이 일어나는 것을 매우 두려워하다.

C. 로마 군대. 유대인들은 이들이 유대 민족을 멸망시킬까 두려워하다.

D. 공회당 자리 그리고 최고위층과 바리새인들의 사악한 집회.

E. 공회당 자리에 앉은 악독한 대제사장 가야바가 “예수는 죽어야만 한다” 라고 미리 말하다, 등등.

36

[出像經解, BSB, 19a]

異學妬謀耶穌

바리새인 학자들이 예수를 시기하여 해치려고 모의하다

甲. 伯大尼[76]邑, 耶穌起死者于墓, 因而如德亞國人生妬, 而謀害耶穌。
乙. 天下億兆, 見耶穌靈蹟, 深慕歸依, 卽如德亞人所切忌者。
丙. 羅瑪[77]國軍師, 如德亞人所慮後奪其國者。
丁. 異學與掌教二黨, 惛悖坐謀, 而魔煽惑其中。
戊. 蓋法氏司教宣言, 寧一人死, 以免衆人死。蓋指耶穌實爲萬民死。
己. 耶穌姑與弟子往, 居弗稜[78], 待時而出。

見行紀六卷一。

갑. 베다니 마을에서 예수께서 죽은 자를 무덤에서 일으키시니, 이로 인하여 유대인들이 질투하여 예수를 해치려고 모의하다.
을. 세상의 많은 이들이 예수의 신령한 이적을 보고 깊이 흠모하고 따르니, 곧 유대인들이 몹시 꺼려하던 것이다.
병. 로마 제국의 군대. 유대인들은 나중에 그들의 나라를 빼앗을 것이라고 두려워하다.
정. 바리새인 학자와 제사장 두 무리가 미혹되어 앉아 모의하고 마귀는 그들 가운데서 부추기다.
무. 가야바 대제사장이 "차라리 한 사람이 죽어서 여러 사람의 죽음을 면하자"고 선언하다. 이것은 예수께서 진실로 만인을 위해 죽으시는 것을

---

76 伯大尼: 라틴어 "Bethania"(베다니)의 음역 伯大尼亞의 축약어이다.

77 羅瑪: 라틴어 "Roma"(로마)를 어근으로 하는 유럽어의 음역이다.

78 弗稜: 라틴어 "Ephrem"(에브라임)를 어근으로 하는 유럽어의 음역이다. 『天主降生出像經解』는 또 다른 음역 "阨佛稜"도 사용하고 있다.

F. 예수께서 며칠 동안 에브라임으로 물러나시다. 하나님 아버지에 의해 정해진 시간 동안 견뎌내시기 위함이다.

가리키다.

7. 예수께서 잠시 제자들과 함께 떠나가서 에브라임에 거하고 때를 기다려 나가시다.

『천주강생언행기략』 제6권 제1장을 보라.

EADEM DOMINICA QVINQVAGESIMAE.

Sanatur vnus cæcus ante Iericho, & duo poſt Iericho. 83

Lucæ xviij. *Anno xxxiij.* xix

A. *Iericho vrbs palmarum.*
B. *Turba præcedens* IESVM.
C. *Turba ſequens.*
D. *Cæcus iuxta viam ſedens, à præcedentibus vt taceat increpatur.*
E. IESVS *ad miſerabilem clamorem cæci ſubſiſtit.*
F. *Adducitur cæcus iuſſu Chriſti, & ab eodem ſanatur.*
G. *Deum plebs vniuerſa collaudat.*

Sanationi duorum cæcorum poſt Iericho ſubſeruire poſſunt hæ annotatiunculæ, vt imago.

葉禮閣開三瞽
甲葉禮閣城
乙道傍瞽者乞食
聞耶穌過卽號
求救
丙爲耶穌前驅者
禁止其頻呼
丁耶穌憐之命引
之前而賜以明
戊前後追隨耶穌
者大讚其全能
巳耶穌過葉禮閣
城再開二瞽可
以此圖想像
見行紀六卷七

EADEM DOMINICA QUINQUAGESIMAE

사순절 제2주일 후 오순주일

Sanatur unus caecus ante Ierico, et duo post Iericho

여리고 앞에서 눈이 먼 한 사람이 또한 여리고를 떠난 후 눈이 먼 두 사람이 치유되다

Luca. xviii 눅 18장

Anno xxxiii. 83 xix 33세 도해 83 (19)

A. Iericho urbs palmarum.
B. Turba praecedens IESUM.
C. Turba sequens.
D. Caecus iuxta viam sedens, a praecedentibus ut taceat increpatur.
E. IESUS ad miserabilem clamorem caeci subsistit.
F. Adducitur caecus iussu Christi, et ab eodem sanatur.
G. Deum plebs universa collaudat.

Sanationi duorum caecorum post Iericho subservire possunt hae annotatiunculae, ut imago.

A. 종려나무의 성 여리고[22].
B. 예수보다 앞서가는 군중들.
C. 뒤따르는 군중들.
D. 길가에 앉아있는 눈이 먼 사람. 앞장서 가던 자들이 조용히 하라고 소리치다.
E. 예수께서 눈이 먼 사람의 간절한 외침에 멈추시다.
F. 그리스도의 분부로 눈이 먼 사람이 인도되고 그 분부에 의해 치유받다.
G. 모든 백성이 하나님을 찬송하다.

22 Iericho urbs palmarum(종려나무의 성 여리고): 이에 대해서는 신명기 34:3을 참조하라.

37

[出像經解, BSB, 19b]

葉禮閣[79]開三矇

여리고에서 눈이 먼 세 사람의 눈을 뜨게 하시다

甲. 葉禮閣城。
乙. 道傍, 瞽者乞食, 聞耶穌過, 卽號求救。
丙. 爲耶穌前驅者, 禁止其頻號。
丁. 耶穌憐之, 命引之前, 而賜以明。
戊. 前後追隨耶穌者, 大讚其全能。
己. 耶穌過葉禮閣城, 再開二矇, 可以此圖想像。

見行紀六卷七。

갑. 여리고성.
을. 길가에서 눈이 먼 이가 구걸하다가, 예수께서 지나가신다는 것을 듣고, 곧 구해달라고 부르짖다.
병. 예수 앞에 가던 이들이 그가 간절하게 부르짖는 것을 금하다.
정. 예수께서 그를 불쌍히 여겨 그를 이끌어 나오도록 명하시고 보게 해주시다.
무. 앞뒤에서 예수를 따르는 이들이 그 전능하심을 크게 찬송하다.
기. 예수께서 여리고성을 지나서 다시 눈이 먼 두 사람을 보게 하신 것은 이 그림으로 상상할 수 있다.

『천주강생언행기략』 제6권 제7장을 보라.

---

79 葉禮閣: 라틴어 "Iericho"(여리고)를 어근으로 하는 유럽어의 음역이다.

여리고를 떠나면서 두 눈이 먼 사람을 치유하셨는데,
이러한 짧은 주해나 도해가 이해에 도움이 될 수 있다.

EADEM DOMINICA.

Ingreſsus ſolennis in ciuitatem. 87

Matth. xxi. Marc. xi. Luc. xix. Ioan. xij. Anno xxxiij. *lxxiiij*

A. *Bethania, vbi Lazarus ſuſcitatus.*
B. *Mons oliuarum.*
C. *Hortus Gethſemani.*
D. *Torrens Cedron.*
E. IESVS *eques pullo aſinæ vectus.*
F. *Eius celebritas itineris.*
G. *Hieroſolyma commota.*
H. *Templum, quò venit* IESVS. *vbi ſanat cæcos & claudos.*
I. *Virgo Mater cum mulieribus.*

入都城發嘆
甲
乙
丙
丁
戊
己
庚
辛
壬
癸
甲伯大尼亞邑辣雜琭復活處
乙阿利襪山近白法熱邑
丙宗徒如命牽驢以來
丁則端溪
戊耶穌騎駒漸近都城
己人衆折擘樹枝簇擁前後鮮衣鋪地頌讚耶穌
庚都城人士恭迎耶穌入城
辛耶穌入聖殿麾去貿易者
壬耶穌救諸病者
癸聖母同諸聖女遠望耶穌
見行紀六卷九

EADEM DOMINICA

종려주일

Ingressus solennis in civitatem

장엄한 입성

Matth. xxi, Marc. xi, Luc. xix, Ioan xii 마 21장, 막 11장, 눅 19장, 요 12장

Anno xxxiii, 87 lxxiiii 33세 도해 87 (74)

A. Bethania, ubi Lazarus suscitatus.

B. Mons olivarum.

C. Hortus Gethsemani.

D. Torrens Cedron.

E. IESUS eques pullo asinae vectus.

F. Eius celebritas itineris.

G. Hierosolyma commota.

H. Templum, quo venit IESUS. Ubi sanat caecos et claudos.

I. Virgo Mater cum mulieribus.

A. 베다니. 나사로가 소생한 곳.

B. 올리브 산.

C. 겟세마네 동산.

D. 기드론 시내.

E. 예수께서 새끼 나귀를 타고 이동하시다.

F. 그의 길을 따르는 장엄한 행렬.

38

[出像經解, BSB, 20a]

入都城發嘆

도성에 들어가시니 찬미가 나오다

甲. 伯大尼亞邑, 辣雜琭復活處。
乙. 阿利襪[80]山近白法熱[81]邑。
丙. 宗徒如命牽驢以來。
丁. 則端溪[82]。
戊. 耶穌騎駒, 漸近都城。
己. 人衆拆擎樹枝, 簇擁前後, 解衣鋪地, 頌讚耶穌。
庚. 都城人士, 恭迎耶穌入城。
辛. 耶穌入聖殿, 麾去貿易者。
壬. 耶穌救諸病者。
癸. 聖母, 同諸聖女, 遠望耶穌。

見行紀六卷九。

갑. 베다니 마을, 나사로가 부활한 곳.
을. 감람산이 벳바게 마을 가까이에 있다.
병. 제자들이 분부하신 대로 나귀를 끌고 오다.
정. 기드론 시내.
무. 예수께서 어린 나귀를 타고 점차 도성에 접근하시다.
기. 많은 사람들이 나뭇가지를 꺾어 들고 주변을 빽빽히 둘러싸고 옷을 벗어서 땅에 깔고 예수를 찬송하다.

---

80 阿利襪: 라틴어 "Oliva"(올리브)를 어근으로 하는 유럽어의 음역이다.
81 白法熱: 라틴어 "Bethfage"(벳바게)를 어근으로 하는 유럽어의 음역이다.
82 則端: 라틴어 "Cedron"(기드론)를 어근으로 하는 유럽어의 음역이다.

G. 들떠 있는 예루살렘.

H. 예수께서 가시는 성전. 거기서 눈이 먼 자들과 저는 자들을 고치시다.

I. 여인들과 함께 있는 동정녀 어머니.

경. 도성 사람들이 예수의 입성을 공손히 맞이하다.
신. 예수께서 성전에 들어가 장사하는 이들을 내치시다.
임. 예수께서 여러 병자를 구제하시다.
계. 성모가 여러 성녀들과 멀리서 예수를 바라보다.

『천주강생언행기략』 제6권 제9장을 보라.

DOMINICA XIX. POST PENTECOST.

Facit Rex nuptias Filio. 93

Matth. xxij. *Anno xxxiij.* cxliij

A. *Templum & porticus Salomonis, vbi docebat* IESVS.

B. *Regia, vbi sedet in throno suo Rex, assidet Filius, et eius Sponsa, regio omnes cultu & nuptiali.*

C. *Serui vocaturi ad nuptias inuitatos, à Rege mittuntur.*

D. *Vocantur, qui suas occupationes externas excusant, alij villam, alij negotiationem, &c.*

E. *Reliqui seruos tenent, & contumelijs affectos occidunt.*

F. *Rex his auditis, missis exercitibus suis, homicidas perdit, et ciuitatem eorum incendit. Hactenus significantur Iudæi vocati.*

G. *Mittuntur serui ad vocandos Gentiles.*

H. *Ex his implentur nuptiæ; fit consessus, et triclinium preciosissime ornatur, accedentibus tandem ad Gentes Iudæis.*

I. *Deprehenditur vnus inter omnes, qui nuptiali veste non esset indutus.*

K. *Hunc iubet Rex ligatis manibus & pedibus, mitti in tenebras exteriores.*

以宴論天國諭異端昧王

甲聖堂廊廡所設喻訓
衆之所
乙國君在殿中與太子及
其新妃共坐而命張大
筵
丙國君遣使邀賓
丁賓多托故辭席
戊甚有侮慢而殘使者
己國王聞之盛怒遣兵戮
其人燬其居
庚再命使者招他賓赴席
辛賓至滿席列坐
壬諸賓中有不著公服者
國主怒而驅戮蓋喻如
德亞人最先受教後多
不遵守天主必綏罰之
而命傳聖教於他諸國
云
見行紀六卷十七

DOMINICA XIX. POST PENTECOST.

오순절 후 제19주일

Facit Rex nuptias Filio

왕이 아들을 위해 결혼식을 거행하다

Matth. xxii 마 22장

Anno xxxiii 93 cxliii 33세 도해 93 (143)

A. Templum et porticus Salomonis, ubi docebat IESUS.

B. Regia, ubi sedet in throno suo Rex, assidet Filius, et eius Sponsa, regio omnes cultu et nuptiali.

C. Servi vocaturi ad nuptias invitatos, a Rege mittuntur.

D. Vocantur, qui suas occupationes externas excusant, alii villam, alii negotiationem, etc.

E. Reliqui servos tenant, et contumeliis affectos occident.

F. Rex his auditis, missis exercitibus suis, homicidas perdit, et civitatem eorum incendit. Hactenus significantur Iudaei vocati.

G. Mittuntur servi ad vocandos Gentiles.

H. Ex his implentur nuptiae; fit consessus, et triclinium preciosissime ornatur, accedentibus tandem ad Gentes Iudaeis.

I. Deprehenditur unus inter omnes, qui nuptiali veste non esset indutus.

K. Hunc iubet Rex ligatis minibus et pedibus, mitti in tenebras exteriores.

A. 예수께서 가르치신 성전과 솔로몬의 회랑.

B. 궁궐. 여기에 왕이 자기 보좌에 앉아있고, 아들과 그의 신부가 자리 잡고 있다. 사방이 온통 화려하게 꾸며지고 결혼식 분위기가 나다.

C. 종들이 결혼식에 초대받은 자들을 부르기 위해 왕에 의해 보내지다.

D. 자신의 외부 사정을 핑계로 내세우는 사람들이 부름을 받다. 어떤 이들은 집을 핑계하고, 다른 이들은 사업해야 함 등등을 핑계하다.

39

[出像經解, BSB, 20b]

以宴論天國諭異端昧主

잔치로 천국을 논하여 이교도 몽매한 군주를 가르치시다

甲. 聖堂廊廡, 耶穌設喩, 訓衆之所。
乙. 國君在殿中, 與太子及其新妃, 共坐, 而命張大宴。
丙. 國君遣使邀賓。
丁. 賓多托故辭席。
戊. 甚有侮慢, 而殘使者。
己. 國主聞之, 盛怒遣兵, 戮其人, 燬其居。
庚. 再命使者, 招他賓赴席。
辛. 賓至滿席列坐。
壬. 諸賓中, 有不着公服者, 國主怒而驅戮。蓋喩如德亞人, 最先受教後, 多不遵守, 天主必終罰之, 而命傳聖教於他諸國云。

見行紀六卷十七。

갑. 성전 회랑, 예수께서 비유로 군중들을 가르치신 곳.
을. 국왕이 궁전에서, 태자 및 그의 신부와 함께 앉아서 큰 잔치를 열라고 명하다.
병. 국왕이 사신을 보내서 손님을 초대하다.
정. 손님들이 대부분 핑계를 대고 잔치 참석하기를 사양하다.

E. 나머지 사람들도 종들을 붙잡고 가혹행위를 하거나 살해하다.

F. 왕이 이러한 일들을 듣고 자신의 군대를 보내어 살해한 자들을 멸하고 그들의 성을 불태우다. 여기까지가 초대받은 유대인들을 상징한다.

G. 이방인들을 초대하도록 종들을 보내다.

H. 이방인들로 결혼식이 채워지다. 그들이 자리에 앉고, 연회장이 매우 화려하게 꾸며지다. 드디어 유대인들도 다가오다.

I. 모든 사람 가운데 한 사람이 발각되는데, 그는 결혼식 예복을 입지 않고 있다.

K. 그 사람의 손과 발을 묶어서 바깥 어둔 곳으로 내보라고 왕이 명하다.

무. 심지어 업신여겨 사신을 죽이는 일도 있다.

기. 국왕이 듣고서 크게 노하여 병사를 보내 그들을 죽이고 그들의 거처를 불태우다.

경. 다시 사신에게 다른 손님을 청하여 잔치 자리에 나오라고 명하다.

신. 손님들이 와서 자리를 가득 채우고 열을 지어 앉다.

임. 여러 손님 가운데 관복을 입지 않은 이가 있어, 국왕이 노하여 내쳐 죽이다. 유대인들이 가장 먼저 가르침을 받았으나 후에 대부분 지키지 않으니, 천주께서 그들을 마침내 벌하시고 거룩한 가르침을 다른 여러 나라에 전하라 말씀하신 것을 비유한 것이다.

『천주강생언행기략』 제6권 제17장을 보라.

DOMINICA I. ADVENTVS.

Quæ Iudicium vniuersale proximè præcedent. 98

Matt. xxiiij. cap. Marc. xiij. Luc. xxi. Anno Christi xxxiij. i

A. *Signa in cælo, Sole, Luna, & stellis, &c.*

B. *Christum ad iudicium venientem præcedunt crux, cæteraque insignia passionis, & Archangelus cum tuba.*

C. *Præcedit ignis orbem purgaturus.*

D. *Elementum ignis mundo quasi minitatur.*

E. *Aeris suprema regio.*

F. *Aeris media regio.*

G. *Aeris infima regio. Et in his omnibus terribilia signa.*

H. *Confusio maris, & fluctuum, &c.*

I. *Os inferni apertum.*

K. *Etiam purgatorij.*

L. *In terra rerum omnium horribilis facies, quæ orbi terrorem incutiet vehementissimum. Alia signa non potuit capere imago.*

世界終盡降臨審判生死

甲耶穌降臨大審判
時預現十字聖架
與諸救世之具
乙日月星宿殊顯異
變
丙天火燒燼世界
丁空中怪兆疊現
戊海溢地震萬民不
勝惶悚
己天神吹器令人復
活聽判無不如命
庚萬民善惡一一顯露
辛聖母宗徒及諸聖
神擁與公判
壬天神奉命隆善
惡
癸地裂獄開邪魔惡
人墮受永殃
子判畢善與諸聖榮
升永享天福而天
地再新云[illegible]

FERIA II. POST DOMIN. I. QVADRAG.

Iudicium vniuersale. 99

Matth. xxv. *Anno xxxiij.* *xxviij*

A. IESVS *in throno gloriæ sedens, iudicium exercet.*

B. *Cœli, Planetæ, & Stellæ longe illustriores, quâm antea.*

C. *Circumstant* IESVM *omnes Angelorum ordines.*

D. *Assidet Filio Virgo Mater, & suo gradu electi omnes.*

E. *Elementa noua; purissimum, & liquidissimum Ignis elementum,*

F. *Aeris, lucidum, amœnum, pacatissimum, nulla regionum diuersitate.*

G. *Aquæ, purgatissimum, clarum tranquillum.*

H. *Terræ, purum, ac simplex, omnibus tum naturæ, tum artis operibus liberum.*

I. *Ministerio Angelorum, et imperio Christi, boni à malis separantur.*

K. *Boni audiunt à Christo Venite benedicti &c. Mali; Ite maledicti.*

L. *Inferni horrendum os apertum damnatos cum diabolis deuorat.*

M. *Peracto iudicio, Christus intelligitur ascendere in empyreum Cœlum cum Angelis, & sanctis omnibus, regnaturus in æternum.*

世界終盡降臨審判生死

甲耶穌降臨大審判
時預現十字聖架
與諸救世之具
乙日月星宿殊顯異
變
丙天火燒燼世界
丁空中怪兆叠現
戊海溢地震萬民不
勝怪悚
己天神吹器令人復
活聽判無不如命
庚萬民全善惡之顯露
辛聖母宗徒及諸聖
神擁與公判
壬天神奉命除善
惡
癸地裂獄開邪魔惡
人墮受永殃
子判畢善與諸聖
升永享天福而天
地再新云云

DOMINICA I. ADVENTUS
대강절 제1주일
Quae Iudicium universale proxime praecedent
우주적 심판 직전에 일어나는 일들

Matt. xxiiii, Marc. xiii, Luc. xxi 마 24장, 막 13장, 눅 21장

Anno Christi xxxiii. 98 I 그리스도의 나이 33세 도해 98 (1)

A. Signa in caelo, Sole, Luna, et Stellis, etc.

B. Christum ad iudicium venientem praecedunt crux, caeteraque insignia passionis, et Archangelus cum tuba.

C. Praecedit ignis orbem purgaturus.

D. Elementum ignis mundo quasi minitatur.

E. Aeris suprema regio.

F. Aeris media regio.

G. Aeris infima regio. Et in his omnibus terribilia signa.

H. Confusio maris, et fluctuum, etc.

I. Os inferni apertum.

K. Etiam purgatorii.

L. In terra rerum omnium horribilis facies, quae orbi terrorem incutiet vehementissimum. Alia signa non potuit capere imago.

A. 하늘과 태양과 달과 별 등등의 징조들.

B. 심판하러 오시는 그리스도에 앞서 십자가가, 또한 고난의 다른 상징들이, 그리고 나팔을 든 대천사가 도래하다.

C. 지구를 정화할 불이 선행하다.

D. 세상을 위협하는 듯한 불의 원소.

E. 공중의 윗 층.

F. 공중의 가운데 층.

40

[出像經解, BSB, 21a]

世界終盡降臨審判生死

세상 종말에 강림하여 생사를 심판하신다

乙. 日月星宿, 殊顯異變。

甲. 耶穌降臨, 大審判時, 預現十字聖架, 與諸救世之具。

丙. 天火燒燼世界。

丁. 空中怪兆疊現。

戊. 海溢地震萬民不勝惶悚。

을. 해와 달과 별들이 특히 기이한 변화를 드러내다.

갑. 예수께서 강림하여 대심판하실 때에 거룩한 십자가와 세상 구원의 여러 징조를 미리 나타내 보이시다.

병. 하늘 불이 세상을 전부 태우다.

정. 공중에서 괴이한 조짐이 층층이 나타나다.

G. 공중의 아래층. 또한 이 모든 층에는 무시무시한 징조들이 있다.

H. 바다와 파도 등의 흉흉함.

I. 음부의 열린 입구.

K. 또한 연옥의 입구.

L. 이 땅에서의 만물의 끔찍한 모습, 그것이 세상에 매우 무시무시한 공포를 가한다. 도해가 그 외의 징조들을 전부 담을 수 없다.

FERIA II. POST DOMIN. I. QUADRAG.

사순절 제1주일 후 월요일

Iudicium universale

우주적 심판

Matth. xxv 마 25장

Anno xxxiii. 99, xxviii 33세 도해 99 (28)

A. IESUS in throno gloriae sedens, iudicium exercet.

B. Caeli, Planetae, et Stellae longae illustriores, quam antea.

C. Circumstant IESUM omnes Angelorum ordines.

D. Assidet Filio Virgo Mater, et suo gradu electi omnes.

E. Elementa nova; purissimum, et liquidissimum Ignis elementum.

F. Aeris, lucidum, amoenum, pacatissimum, nulla regionum diversitate.

G. Aquae, purgatissimum, clarum tranquillum.

H. Terrae, purum, ac simplex, omnibus tum naturae, tum artis operibus liberum.

I. Ministerio Angelorum, et imperio Christi, boni a malis separantur.

K. Boni audiunt a Christo Venite benedicti etc. Mali; Ite maledicti.

L. Inferni horrendum os apertum damnatos cum diabolis devorat.

M. Peracto iudicio, Christus intelligitur ascendere in empyreum Caelum

무. 해일과 지진으로 만 백성이 두려움을 떨칠 수 없게 되다.

己. 天神吹器, 令人復活聽判, 無不如命。
庚. 萬民害惡一一顯露。

기. 천사가 악기를 불고 사람들에게 부활하여 심판을 받으라고 명령하시니 명령대로 이루어지지 않음이 없다.
경. 만 백성의 해악이 낱낱이 드러나다.

辛. 聖母, 宗徒, 及諸聖神, 擁與公判。

壬. 天神奉命, 陟降善惡。
癸. 地裂獄[83]開, 邪魔惡人墮受永殃。

83 地裂獄: 라틴어 "Infernus"(지옥)의 번역어이다. 『天主降生出像經解』는 "地獄"이라는 용어

cum Angelis, et sanctis omnibus, regnaturus in aeternum.

A. 예수께서 영광의 보좌에 앉아 심판하시다.

B. 하늘들과 행성들과 별들이 이전보다 훨씬 밝게 빛나다.

C. 모든 품계의 천사들이 예수를 둘러싸다.

D. 동정녀 어머니가 아들 곁에 앉고, 모든 선민들이 자기의 지위에 따라 앉다.

E. 새로운 원소들. 가장 순수하고 깨끗한 불의 원소.

F. 대기의 원소. 빛나고, 쾌적하고, 가장 평온하며, 지역에 차이가 없는 것.

G. 물의 원소. 가장 순수하고, 맑고 고요한 것.

H. 대지의 원소. 순수하고, 단순하며, 자연이나 기술의 모든 작용으로부터 자유로운 것.

I. 천사들의 활동과 그리스도의 능력으로 선인들이 악인들로부터 분리되다.

K. 선인들은 그리스도로부터 "복된 자들이여, 오너라."는 말을, 악한 자들은 "저주받은 자들이여, 떠나가라."라는 말을 듣다.

L. 음부의 무시무시한 열린 입이 죄인들을 마귀들과 함께 삼켜버리다.

M. 심판이 끝나면 그리스도께서 가장 높은 하늘로 올라가셔서 천사들 및 모든 성인들과 함께 영원히 통치하시리라 생각된다.

子. 判畢, 主與諸聖, 榮昇, 永享天福, 而天地再新云。

六卷卄五。

신. 성모와 제자들과 여러 거룩한 영들이 심판대에 둘러 앉다.

임. 천사들이 명을 받고 선인은 올리고 악인은 내린다.

계. 지옥이 열리니 사악한 마귀와 악인이 떨어져 영원한 재앙을 받다.

자. 심판이 끝나고 주와 여러 성인이 영광스럽게 올라가서 영원히 하늘의 복을 누리고 하늘과 땅이 다시 새로워지다.

『천주강생언행기략』 제6권 제25장을 보라.

도 사용하고 있다.

COENA COMMVNIS, ET LAVATIO PEDVM. 101

Iisdem capitibus. lxxvij

A. *Cœnant communem cœnam.* B. *Dicit* IESVS *(obscure indicans proditorem) Qui intingit mecum manum in paropside, &c.* C. *Præfractior factus Iudas respondet; Nunquid ego sum?*	B. *Respondet* IESVS *submisse; Tu dixisti.* D. *Procumbit* IESVS *ad lauandos pedes discipulorum.* E. *Petrus repugnat primo lauationi, deinde profuse obedit.* F. *Surgit Christus, resumit vestimenta sua.*

濯足垂訓

甲耶穌與宗徒晚餐告別

乙耶穌微露惡徒叛意

丙茹荅斯昧心曰是我乎耶穌微醒之曰爾自云矣

丁耶穌離席脫表衣以布繫腰欲為宗徒洗足以示相遜相愛之表

戊伯鐸羅惶悚固辭復恐見棄乃全聽命宗徒亦皆不勝感愧

見行紀七卷二

COENA COMMUNIS, ET LAVATIO PEDUM
공동 만찬과 발을 씻기심

Iisdem capitibus 마 26장, 막 14장, 눅 22장, 요 13장

101 lxxvii 도해 101 (82)

A. Coenant communem coenam.
B. Dicit IESUS (obscure indicans proditorem) Qui intingit mecum manum in paropsidae, etc.
C. Praefractior factus Iudas respondet; Nunquid ego sum?
B. Respondet IESUS submisse; Tu dixisti.
D. Procumbit IESUS ad lavandos pedes discipulorum.
E. Petrus repugnat primo lavationi, deinde profuse obedit.
F. Surgit Christus, resumit vestimenta sua.

A. 그들이 공동 만찬에 참여하다.
B. 예수께서 (배반자를 은근히 지시하시며) 말씀하시다. "나와 함께 그릇에 손을 넣는 자가 나를 팔리라." 등등.
C. 유다는 더 강팍해져서 대답하다. "저는 절대 아니지요?"
B. 예수께서 조용히 대답하시다. "네가 말하였도다."
D. 예수께서 제자들의 발을 씻기 위해 앞으로 몸을 숙이시다.
E. 베드로가 처음에는 씻김에 반대하지만, 나중에는 기꺼이 순종하다.
F. 그리스도께서 일어나 자신의 겉옷을 다시 걸치시다.

41

[出像經解, BSB, 21b]

濯足垂訓

발 씻기심에 대한 가르침

甲. 耶穌與宗徒晩餐告別。
乙. 耶穌微露, 惡徒叛意。
丙. 茹答斯[84]昧心曰, 是我乎? 耶穌徵醒之曰, 爾自云矣。
丁. 耶穌離席脫衣, 示以布繫腰, 欲爲宗徒洗足, 以示相遜相愛之表。
戊. 伯鐸羅惶悚固辭, 復恐見棄, 乃全聽命, 宗徒亦皆不勝感愧。

見行紀七卷二。

갑. 예수께서 제자들과 만찬을 하며 이별을 고하시다.
을. 예수께서 악한 제자의 배반 의도를 가만히 드러내시다.
병. 유다가 양심에 걸려 "저입니까?"라고 말하자, 예수께서 가만히 그를 깨우쳐 "네가 스스로 말하였도다"라고 말씀하시다.
정. 예수께서 자리를 떠나서 겉옷을 벗고 수건을 허리에 두르고 제자들의 발을 씻겨주고자 하심은 서로 겸손하고 서로 사랑하라는 본을 나타내고자 하심이다.
무. 베드로가 황송해서 사양하나 다시 버림받을까 두려워 온전히 명을 받고 다른 제자들 또한 모두 부끄러움을 떨치지 못하다.

『천주강생언행기략』 제7권 제2장을 보라.

---

84 茹答斯: 라틴어 "Iudas"(유다)를 어근으로 하는 유럽어의 음역이다.

SANCTISSIMI SACRAMENTI, ET SACRIFICII INSTITVTIO.

Matth. xxvi. Marc. xiiij. Luc. xxij. p Cor. x. xi. Anno xxxiij. 102 *lxxviij.*

A. IESVS *iterum accumbit. Ab: soluunt cœnam Apostoli; nihil cibi ipse amplius sumit.*	B. *Conficit* IESVS *sacratissimum Sacrificium et Sacramentum & discipulis communicat.*

立聖體大禮
甲
丙
丙
乙
丁
甲耶穌先依古禮
食綿羊羔以示
舊禮已終而救
世全功已竣矣
乙耶穌濯宗徒足
復就座將麵餅
及酒以其全能
化成聖體聖血
永留在世以慰
宗徒及後世諸
奉教者
丙宗徒心潔而慶
領聖體以護養
其神魂增諸德
慶
丁如荅斯亦昌受
其恩貪汚之心
不除魔遂入其
心而終敗
見行紀七卷三

A. *Nondum surgit à mensa* IESVS; *sed turbat se.*
B. *Recumbit Ioannes supra pectus eius, & interrogat; Domine, quis est, &c.*
A. *Respondet Ioanni; Cui ego, &c.*
C. *Accipit Iudas buccellam à* IESV; *& exagitatus à dæmone, furiose è cœnatione se proripit.*

A. *Sublatis cibis &c. prædicit Apostolis scandalum, quod essent passuri.*
D. *Princeps Petrus confirmat, eum nunquam se esse deserturum: Similiter omnes.*
E. *Surgit cum omnibus; secedit in aliud cubiculum, vbi Apostolos docet.*
F. *Tandem hymno dicto, egreditur ad hortum Gethsemani.*

立聖體大禮
甲
丙
丙
乙
丁
甲耶穌先依古禮食綿羊羔以示舊禮已終而救世全功已竣矣
乙耶穌濯宗徒足復就座將麵餅及酒以其全能化成聖體聖血永留在世以慰宗徒及後世諸奉教者
丙宗徒心潔而虔領聖體以護養其神魂增諸德慶
丁如荅斯亦冒受其恩貪污之心不除魔遂入其心而終敗
見行紀七卷三

SANCTISSIMI SACRAMENTI, ET SACRIFICII INSTITUTIO
가장 거룩한 성례제와 희생제의 제정

Matth. xxvi, Marc. xiiii, Luc. xxii, p Cor. x. xi 마 26장, 막 14장, 눅 22장, 고전 10장, 11장

Anno xxxiii. 102 lxxviii 33세 도해 102 (78)

A. IESUS iterum accumbit. Absolvunt coenam Apostoli; nihil cibi ipse amplius sumit.

B. Conficit IESUS sacratissimum Sacrificium et Sacramentum et discipulis communicat.

A. 예수께서 다시 식사하려고 앉으시다. 사도들이 만찬을 마치고, 예수께서는 어떤 음식도 더 이상 드시지 않으시다.

B. 예수께서 가장 거룩한 희생제와 성례제를 집행하시고 제자들에게 나눠주시다.

DE GESTIS POST SACRAM COMMUNIONEM.
신성한 교제 이후의 행적들

Matt. xxvi, Mar. xiiii, Luc xxii, Ioan xiii 마 26장, 막 14장, 눅 22장, 요 13장

103 lxxix 도해 103 (79)

A. Nondum surgit a mensa IESUS; sed turbat se.

B. Recumbit Ioannes supra pectus eius, et interrogat; Domine, quis est, etc.

A. Respondet Ioanni; Cui ego, etc.

42

[出像經解, BSB, 22a]

立聖體[85]大禮
성체대례를 세우시다

甲. 耶穌先依古禮, 食綿羊羔, 以示舊禮已終, 而救世全功已竣矣。

乙. 耶穌濯宗徒足, 復就座, 將麵餅及酒, 以其全能化成聖體聖血[86], 永留在世, 以慰宗徒及後世諸奉教者。

丙. 宗徒心潔而虔領聖體, 以護養其神魂, 增諸德慶。

갑. 예수께서 먼저 옛 예법에 따라 어린 양을 드심으로써 이전 예법은 이미 끝나고 세상 구원의 온전한 일이 이미 완성됨을 보이시다.

을. 예수께서 제자들의 발을 씻고 다시 자리에 나아가 밀가루 떡과 술을 그 전능하심으로 거룩한 몸과 거룩한 피로 변화시키고 세상에 영원히 남겨 제자들과 그 후세에 여러 신자들을 위로하시다.

병. 제자들은 마음이 정결해져서 경건히 성체를 받음으로 그들의 신령한 영혼을 보호하여 기르고 여러 덕으로 인한 경사를 증진시키다.

85 聖體: 라틴어 “Sanctissimum Sacramentum”(가장 거룩한 성사)의 번역어이다. 『天主降生出像經解』에서는 “Eucharistia”(성체)의 번역어로도 사용되고 있다.

86 聖血: 라틴어 “Sanctissimum Sacrificium”(가장 거룩한 희생제물)의 번역어이다.

C. Accipit Iudas buccellam a IESU; et exagitatus a daemone, furiose e coenatione se proripit.

A. Sublatis cibis etc. praedicit Apostolis scandalum, quod essent passuri.

D. Princeps Petrus confirmat, eum nunquam se esse deserturum; Similiter omnes.

E. Surgit cum omnibus; secedit in aliud cubiculum, ubi Apostolos docet.

F. Tandem hymno dicto, egreditur ad hortum Gethsemani.

A. 예수께서 아직 식탁에서 일어나지 않으시고 언짢아하시다.

B. 요한이 그의 품에 기대어 묻다. "주여, 누구입니까?" 등등.

A. 예수께서 요한에게 대답하시다. "내가 떡 한 조각을 적셔다 주는 자가 그니라." 등등.

C. 유다는 예수께로부터 떡 조각을 받지만, 마귀에게 선동되어 성내며 만찬 자리에서 뛰쳐나가다.

A. 음식이 치워진 후에 예수께서 사도들에게 견뎌내야 할 걸림돌에 대해 예언하시다.

D. 수제자 베드로는 자신이 결코 예수를 버리지 않을 것이라고 확언하다. 이와 같이 다른 모든 제자들도 확언하다.

E. 예수께서 모든 제자들과 함께 일어나 다른 방으로 가서 제자들을 가르치시다.

F. 마침내 찬송이 울리는 가운데 겟세마네 동산으로 나가시다.

丁. 茹答斯亦昌受其恩, 貪汚之心不除, 魔遂入其心, 而終敗。

見行紀七卷三。

정. 유다 또한 그 은혜를 크게 받았으나, 탐욕의 마음을 제거하지 못하니, 마귀가 마침내 그 마음에 들어와 끝내 패망하였다.

『천주강생언행기략』 제7권 제3장을 보라.

ORAT CHRISTVS IN HORTO. 107

Matth. xxvi. Marc. xiiij. Luc. xxij. Ioan. xviij. *lxxx*

A. *Torrens Cedron.*
B. *Hortus Gethſemani.*
C. *Rupes concaua; qui eſt primus locus; vbi octo diſcipuli ſubſtiterunt.*
D. *Secundus locus ſuperius ad dextram: vbi tres reliqui.*
E. *Specus ad Iactum lapidis à tribus diſcipulis diſtans: vbi orauit* IESVS.
F. *Apparet illi Angelus è cœlo confortans eum.*
G. *Locus quo ſemel & iterum venit* IESVS *ad tres diſcipulos.*
H. *Iudas cum cohorte properat ad hortum.*

園中祈禱汗血
乙溪外色瑪尼
園吾主常爲
世人祈禱之
所
丙園中開洞耶
穌留八宗徒
處
丁又一洞三徒
至止之所
戊耶穌少離三
徒而迫切祈
禱汗血流地
巳天神自天而
降恭慰耶穌
庚耶穌三次旋
顧勸勉三徒
辛茹答斯率衆
惡黨至園
見行紀七卷七

ORAT CHRISTUS IN HORTO
그리스도께서 동산에서 기도하시다

Matth. xxvi, Marc. xiiii, Luc. xxii, Ioan. xviii 마 26장, 막 14장, 눅 22장, 요 18장

107 lxxx 도해 107 (80)

A. Torrens Cedron.

B. Hortus Gethsemani.

C. Rupes concava; qui est primus locus; ubi octo discipuli substiterunt.

D. Secundus locus superius ad dextram; ubi tres reliqui.

E. Specus ad Iactum lapidis a tribus discipulis distans; ubi oravit IESUS.

F. Apparet illi Angelus e caelo confortans eum.

G. Locus quo semel et iterum venit IESUS ad tres discipulos.

H. Iudas cum cohorte properat ad hortum.

A. 기드론 시내.

B. 겟세마네 동산.

C. 움푹 파인 바위. 이곳은 여덟 제자들이 머물렀던 첫 번째 장소이다.

D. 오른편 위의 두 번째 장소. 이곳에서 나머지 세 명의 제자들이 머무르다.

E. 동굴이 돌을 던져 닿을 만큼 세 명의 제자에게서 떨어져 있다. 거기서 예수께서 기도하시다.

F. 하늘로부터 천사가 예수께 나타나서 그를 강하게 하다.

G. 예수께서 처음으로 그리고 재차 세 명의 제자들에게 가시는 장소.

H. 유다가 군대와 함께 동산에 서둘러 오다.

43

[出像經解, BSB, 22b]

囿中祈禱汗血

동산에서 기도하시며 피땀을 흘리시다

甲. 近城則端溪。

乙. 溪外色瑪尼[87]囿, 吾主常爲世人祈禱之所。

丙. 囿中圓洞, 耶穌留八宗徒處。

丁. 又一洞, 三徒至止之所。

戊. 耶穌, 少離三徒, 而迫切祈禱, 汗血流地。

己. 天神, 自天而降, 恭慰耶穌。

庚. 耶穌三次旋顧, 勸勉三徒。

辛. 茹答斯率衆惡黨至囿。

見行紀七卷七。

갑. 성 근처 기드론 시내.

을. 시내 건너 겟세마네 동산, 우리 주께서 항상 세상 사람을 위해 기도하시는 곳.

병. 동산 안 둥근 동굴, 예수께서 여덟 제자를 머무르게 하신 곳.

정. 또 한 동굴, 세 명의 제자가 와서 머물던 곳.

무. 예수께서 세 제자와 조금 떨어져서 간절히 기도하시며 피땀을 땅에 흘리시다.

기. 천사가 하늘에서 내려와 예수를 공손하게 위로하다.

경. 예수께서 세 번 둘러보며 세 제자를 권면하시다.

신. 유다가 나쁜 무리를 인솔하여 동산에 이르다.

『천주강생언행기략』 제7권 제7장을 보라.

---

87 色瑪尼: 라틴어 "Gethsemani"(겟세마네)를 어근으로 하는 유럽어의 음역이다.

DE IVDAE PRODITIONE.

Veniunt ad hortum armati. 108

Iisdem capitibus. lxxxi

A. Accedit ad IESVM Iudas, osculatur eum; respondet ei benigne IESVS. Nihil milites mouere audent. Redit ille ad cohortem.

B. Procedens IESVS interrogat; Quem quæritis?

C. Solo verbo Iudam, militesque resupinos prosternit omnes.

耶穌一言仆衆
甲
丙
甲茹答斯佯表
愛敬而親耶
穌耶穌知其
隱而善責之
乙耶穌向前詢
惡黨見誰
丙耶穌一言是
我茹答斯與
衆惡黨俱驚
仆如死
丁耶穌不避衆
仇令其復醒
自甘受縶
見七卷八

DE IUDAE PRODITIONE

유다의 배신

Veniunt ad hortum armati

군인들이 동산에 오다

Iisdem capitibus 마 26장, 막 14장, 눅 22장, 요 18장

108 lxxxi 도해 108 (81)

A. Accedit ad IESUM Iudas, osculatur eum; respondet ei benigne IESUS. Nihil milites movere audent. Redit ille ad cohortem.

B. Procedens IESUS interrogat; Quem quaeritis?

C. Solo verbo Iudam, militesque resupinos prosternit omnes.

A. 유다가 예수께 다가가서 그에게 입 맞추다. 예수께서 그에게 인자하게 대답하시다. 어떤 군인들도 감히 움직이지 못하다. 유다가 군대에게 돌아가다.

B. 예수께서 앞으로 나아와 물으시다. “너희가 누구를 찾느냐?”

C. 이 한마디 말로 유다와 군인들을 모두 뒤로 젖혀 넘어지게 하시다.

44

[出像經解, BSB, 23a]

耶穌一言仆衆
예수의 한 마디 말씀으로 무리를 엎어지게 하시다

甲. 茹答斯佯表愛敬, 面親耶穌, 耶穌知其隐, 而善責之。

乙. 耶穌向前詢惡黨, 覓誰。

丙. 耶穌一言, 是我。茹答斯, 與衆惡黨, 俱驚仆如死。

丁. 耶穌不避衆仇, 令其復醒, 自耳受縶。

見行紀七卷八。

갑. 유다가 거짓으로 사랑과 공경을 표하며 예수께 얼굴을 가까이 대니, 예수께서 그의 숨은 의도를 알고 그를 잘 타이르시다.

을. 예수께서 앞으로 나아와 악한 무리에게 "누구를 찾느냐?"라고 물으시다.

병. 예수께서 한 마디로 "나다" 하시니, 유다와 여러 악한 무리가 모두 놀라서 죽은 듯이 엎어지다.

정. 예수께서 여러 원수를 피하지 않으시며, 말고가 자기 귀가 다시 붙음을 깨닫게 하시다.

『천주강생언행기략』 제7권 제8장을 보라.

FLAGELLATVR CHRISTVS.	121
Matt. xxvij. Mar. xv. Ioan. xix.	*xciiij*

A. *Prætorium, & propylæum; vnde prospectat Pilatus flagellationem.*	E. *Durissime verberatur* IESVS.
B. *Columna ad quam ligatur* IESVS.	F. *Desinunt* IESVM *cædere lictores iussu Pilati.*
C. *Stipes, vbi capite plectebantur damnati.*	G. *Virgo Mater audit strepitum flagellationis. Vide quam acerbe eius anima, & cor flagellatur.*
D. *Multitudo Iudæorum, & Romanorum.*	

繫鞭苦辱
甲比辣多旣命
笞耶穌姑息
衆憤自於署
中高臺遥望
之
乙耶穌被縛石
柱爲我等罪
人受重撻
流血被地
丙如德亞及羅
瑪二國羣衆
聚觀
丁隸卒承命息
笞
戊聖母望見耶
穌哀痛之極
見行紀七卷十五

FLAGELLATUR CHRISTUS

그리스도께서 채찍질 당하시다

Matt. xxvii, Mar. xv, Ioan. xix 마 27장, 막 15장, 요 19장

121 xciiii 도해 121 (94)

A. Praetorium, et propylaeum; unde prospectat Pilatus flagellationem.

B. Columna ad quam ligatur IESUS.

C. Stipes, ubi capite plectebantur damnati.

D. Multitudo Iudaeorum, et Romanorum.

E. Durissime verberatur IESUS.

F. Desinunt IESUM caedere lictores iussu Pilati.

G. Virgo mater audit strepitum flagellationis. Vide quam acerbe eius anima; et cor flagellatur.

A. 총독 관정과 그 입구. 그곳에서 빌라도가 채찍질 장면을 보고 있다.

B. 예수께서 묶여 있는 기둥.

C. 나무토막. 그곳에서 그들이 정죄 받은 자들의 머리를 때리다.

D. 유대인들과 로마인들의 무리.

E. 예수께서 매우 심하게 매질을 당하시다.

F. 빌라도의 명령으로 관료들이 예수를 매질하는 일을 중지시키다.

G. 동정녀 어머니가 채찍질 소리를 듣다. 그녀의 마음과 심장이 얼마나 심하게 채찍질 당하고 있는지 보라.

45

[出像經解, BSB, 23b]

繫鞭苦辱

매달아 채찍질 당하시는 고욕

甲. 比辣多旣命笞耶穌, 姑息衆憤, 自於署中高臺, 遥望之。

乙. 耶穌被縛石柱, 爲我等罪人, 安受重撻, 流血被地。

丙. 如德亞及羅瑪二國羣衆聚觀。

丁. 隷卒[88]承命息笞。

戊. 聖母望見耶穌, 哀痛之極。

見行紀七卷十五。

갑. 빌라도가 예수를 치라고 명하여 무리의 분노를 잠시 멈추게 하고 자신은 관정 안 높은 누대에서 멀리 바라보다.

을. 예수께서 돌기둥에 묶여서 우리들 죄인을 위해 심한 채찍질을 기꺼이 받으시니 피가 흘러 땅을 적시다.

병. 유대와 로마 두 나라 군중이 모여서 바라보다.

정. 수하 병졸이 분부을 받고 치는 것을 그치다.

무. 성모가 멀리서 예수를 보니 애통함이 극에 달하다.

『천주강생언행기략』 제7권 제15장을 보라.

---

88 隷卒: 라틴어 "lictor"(릭토르 혹은 아전)의 번역어이다. 고관 앞에서 권표(fasces)를 들고 다니던 길잡이를 의미한다.

CORONATVR SPINIS IESVS. 122

Matt. xxvij. Mar. xv. Ioan. xix. xcv

A. IESVS *ab atrio in aulam Prætorij crudelissime cæsus trahitur.*

B. *Recesserat Pilatus in cubiculum, & quid vellet fieri, significauerat.*

C. IESVS *veste pariter ac pelle atrocissimè exutus, purpurea clamide per ludibrium induitur.*

D. *Sedere iubetur in scamno; Capiti corona è spinis imponitur; arundo pro sceptro datur.*

E. *Acerbissimè cædunt, illudunt, feriunt arundine; consalutant Regem Iudæorum.*

F. *Virgo Mater foris cum suis omnia ex internuncijs cognoscit.*

被加莿冠苦辱

甲耶穌旣受重撻推入內著

乙比辣多示衆入著

丙耶穌被惡黨褫衣而強加王服侮之

丁惡黨織棘爲冠強加耶穌首

戊復重擊之辱侮百端

巳聖母堂外備聞諸狀不勝痛苦

見行紀七卷

CORONATUR SPINIS IESUS
예수께 가시관이 씌워지다

Matt. xxvii, Mar. xv, Ioan. xix 마 27장, 막 15장, 요 19장

122 xcv 도해 122 (95)

A. IESUS ab atrio in aulam Praetorii crudelissime caesus trahitur.

B. Recesserat Pilatus in cubiculum, et quid vellet fieri, significaverat.

C. IESUS veste pariter ac pelle atrocissime exutus, purpurea clamide per ludibrium induitur.

D. Sedere iubetur in scamno; Capiti corona e spinis imponitur; arundo pro sceptro datur.

E. Acerbissime caedunt, illudunt, feriunt arundine; consalutant Regem Iudaeorum.

F. Virgo Mater fortis cum suis omnia ex internunciis cognoscit.

A. 잔혹하게 맞은 다음 앞 정원에서부터 관정 안으로 끌려가시다.

B. 빌라도가 관정으로 물러나고, 자기가 원하는 일이 일어나도록 신호를 보내다.

C. 예수께서는 옷이며 또한 피부가 참담하게 벗겨지고, 조롱하듯이 자주색 망토가 걸쳐지다.

D. 예수께서는 의자에 앉도록 지시를 받고, 가시로 만든 관이 머리에 씌워지고, 홀 대신에 갈대가 주어지다.

E. 그들이 가혹하게 매질하고 모욕하고 갈대로 때리고 유대인의 왕이라고 환호하다.

F. 강인한 동정녀 어머니는 자기 친척과 함께 있으면서 전령들로부터 이 모든 것을 알다.

46

[出像經解, BSB, 24a]

被加莿冠苦辱

가시관이 씌워지는 고욕을 당하시다

甲. 耶穌, 旣受重撻, 推入內署。

乙. 比辣多示衆入署。

丙. 耶穌被惡黨褫衣, 而强加王服侮之。

丁. 惡黨織棘爲冠, 强加耶穌首。

戊. 復重擊之, 辱侮百端。

己. 聖母堂外, 備聞諸狀, 不勝痛苦。

見行紀七卷十六。

갑. 예수께서 심하게 채찍을 맞고 관정으로 끌려가시다.

을. 빌라도가 무리에게 관정에 들어오시는 것을 보이다.

병. 예수께서 악한 무리에 의해 옷이 벗겨지고 강제로 왕의 옷이 입혀져 모욕 당하시다.

정. 악당들이 가시를 엮어 관을 만들어 예수의 머리에 강제로 씌우다.

무. 다시 심하게 매질하고 온갖 모욕을 주다.

기. 성모가 관정 밖에서 여러 상황을 모두 듣고 몹시 고통스러워하다.

『천주강생언행기략』 제7권 제16장을 보라.

QVÆ GESTA SVNT POSTEA ANTE CRVCIFIXIONEM.

Matt. xxvij. Marc. xv. Luc. xxiij. 126 xcix

A. *Exeuntibus illis cum afflicto* IESV, *occurrit Simon Cyrenenſis.*

B. *Hunc angariant, vt tollat crucem* IESV.

A. *Reſpirat paululum* IESVS.

C. *Sequebantur mulieres Hieroſolymitanæ plorantes.*

D. *Ex his vna tergit linteo vultum* IESV, *& refert in linteo eius effigiem.*

A. *Eiulantibus mulieribus, ad eas conuerſus* IESVS *dixit; Nolite flere, &c.*

負十字架登山
甲耶穌負架出城力竭屢躓
乙衆僱異方西滿者代負
丙數仁婦哀泣趨隨耶穌嚴訓諭之
丁一聖女獻帕拭耶穌顏及領還印有血跡聖容儼然如生至今尚存
見行紀七卷十九
甲
乙
丙
丁

QUAE GESTA SUNT POSTEA ANTE CRUCIFIXIONEM

그후에 십자가형 이전에 일어난 일들

Matt. xxvii,, Marc. xv, Luc. xxiii 마 27장, 막 15장, 눅 23장

126 xcix 도해 126 (99)

A. Exeuntibus illis cum afflicto IESU, occurrit Simon Cyrenensis.

B. Hunc angariant, ut tollat crucem IESU.

A. Respirat paululum IESUS.

C. Sequebantur mulieres Hierosolymitanae plorantes.

D. Ex his una tergit linteo vultum IESU, et referet in linteo eius effigiem.

A. Eiulantibus mulieribus, ad eas conversus IESUS dixit; Nolite flere, etc.

A. 그들이 고난받으신 예수와 함께 나왔을 때 구레네 시몬과 마주치다.

B. 그들이 이 사람을 공출하여 예수의 십자가를 지게 하다.

A. 예수께서 잠시 숨을 고르시다.

C. 예루살렘의 여인들이 통곡하면서 따라오다.

D. 이 여인들 중 하나가 천으로 예수의 얼굴을 닦고, 그분의 형상이 천에 나타나다.

A. 여인들이 크게 통곡할 때, 예수께서 여인들을 돌아보시고 말씀하시다. “울지 말라.” 등등.

47

[出像經解, BSB, 24b]

負十字架登山

십자가를 지고 산에 오르시다

甲. 耶穌負架出城, 力竭屢躓。

乙. 衆傭異方西滿[89]者代負。

丙. 數仁婦, 哀泣趨隨, 耶穌嚴訓諭之。

丁. 一聖女, 獻帕, 拭耶穌顔及領 還印有血跡。聖容儼然如生, 至今尚存。

見行紀七卷十九。

갑. 예수께서 십자가를 지고 성을 나오시니, 힘이 다하여 여러 번 넘어지시다.

을. 무리가 이방인 시몬을 시켜서 십자가를 대신 지게 하다.

병. 여러 어진 여인들이 슬피 울며 따르니, 예수께서 그들을 엄히 가르치시다.

정. 한 성녀[90]가 수건을 바쳐 예수의 얼굴과 목을 닦으니, 그대로 혈흔이 새겨지다. 성스러운 얼굴이 분명히 살아있는 듯한데, 지금까지 여전히 전해진다.

『천주강생언행기략』 제7권 제19장을 보라.

89 西滿: 라틴어 "Simon"(시몬)를 어근으로 하는 유럽어의 음역이다.

90 아마도 베로니카를 지칭하는 듯하다. 이 여인이 수건으로 예수의 얼굴을 닦아주었다는 전승이 있다.

EMISSIO SPIRITVS. 130

Matth. xxvij. Marc. xv. Luc. xxiij. Ioan. xix. ciij

A. Excepit clamorem Christi emissio spiritus. B. Tenebræ hactenus perseuerantes à sexta hora, incipiunt euanescere. C. Velum templi ad Sancta sanctorum scissum in duas partes à summo, &c. D. Contremiscit terra. E. Petræ scinduntur, &c. F. Monumenta multa aperiuntur. G. Centurio videns, quod sic clamans expirasset, glorificat Deum.	H. Omnis turba videns, quæ fiebant, percutientes pectora sua reuertebantur. I. Capiunt sæuum consilium Iudæi, vt crucifixis crura frangantur. K. Mittunt ad Pilatum qui peterent, vt crucifixi fractis cruribus tollerentur. L. Franguntur alijs crura. M. Vnus militum lancea latus IESV aperuit. N. Stabant longe omnes cognati, & mulieres.

耶穌被釘靈蹟叠現

甲耶穌爲贖萬民罪耳
受釘于十字架上
乙惟時萬物哀主日月
掩光渾天幽暗
丙同釘一盜認耶穌爲
天主悔罪而即蒙赦
丁聖堂帳幔自裂顯露
内堂之奥
戊大地全震而山崩
己石柱裂而石相擊
庚古塚自啟
辛兵將見諸靈異驚愕
讚嘆
壬惡黨亦知痛悔撫心
垂首以歸
癸兵卒敲折二盜脛以
速其死
子耶穌既沒一卒持戟
刺其右脇水血流出
丑聖母諸聖痛望諸狀
見行紀七卷二十四

EMISSIO SPIRITUS
영의 떠나가심

Matth. xxvii, Marc. xv, Luc. xxiii, Ioan. xix 마 27장, 막 15장, 눅 23장, 요 19장

130 ciii 도해 130 (103)

A. Excepit clamorem Christi emissio spiritus.

B. Tenebrae hactenus perseverantes a sexta hora, incipiunt evanescere.

C. Velum templi ad Sancta sanctorum scissum in duas partes a summo, etc.

D. Contremiscit terra.

E. Petrae scinduntur, etc.

F. Monumenta multa aperiuntur.

G. Centurio videns, quod sic clamans expirasset, glorificat Deum.

H. Omnis turba videns, quae fiebant, percutientes pectora sua revertebantur.

I. Capiunt saevum consilium Iudaei, ut crucifixis crura frangantur.

K. Mittunt ad Pilatum qui peterent, ut crucifixi fractis cruribus tollerentur.

L. Franguntur aliis crura.

M. Unus militum lancea latus IESU aperuit.

N. Stabant longe omnes cognati, et mulieres.

A. 그리스도의 외침 후에 영의 떠나가심이 뒤따르다.

B. 제6시부터 이제껏 지속된 어두움이 사라지기 시작하다.

C. 지성소의 휘장이 위에서부터 두 갈래로 찢어지고, 등등.

48

[出像經解, BSB, 25a]

耶穌被釘靈蹟疊現
예수께서 못 박히시니 신령한 이적이 거듭 나타나다

甲. 耶穌爲贖萬民罪甘受釘于十字架上。

乙. 惟時萬物哀主, 日月掩光, 渾天幽暗。

丙. 同釘一盜, 認耶穌爲天主, 悔罪, 而卽蒙赦。

丁. 聖堂[91]帳幔自裂, 顕露內堂之奧。

戊. 大地全震而山崩。

己. 石柱裂而石相擊。

庚. 古塚自啟。

辛. 兵將[92]見諸靈異, 驚愕讚嘆。

壬. 惡黨亦知, 痛悔搉心垂首以歸。

癸. 兵卒敲折二盜髀, 以速其死。

子. 耶穌旣沒, 一卒持戟, 刺其右脇, 水血流出。

丑. 聖母諸聖痛望諸狀。

見行紀七卷二十四。

갑. 예수께서 만민의 죄를 대속하기 위하여 기꺼이 십자가에 못 박히시다.

을. 이때에 만물이 주를 슬퍼하여 해와 달이 빛을 가리고, 온 하늘이 어두워지다.

병. 함께 못 박힌 한 도적이 예수께서 천주이심을 인정하고 죄를 뉘우치니, 즉시 죄 사함을 받다.

정. 성전 장막이 저절로 찢어지자, 성전의 가장 깊은 곳 지성소가 드러나다.

---

91 聖堂: 라틴어 “Sacta sanctorum”(지성소)의 번역이다.

92 兵將: 라틴어 “Centurio”(백부장)의 번역어다. 『天主降生出像經解』는 “武官”이라는 번역어도 사용하고 있다.

D. 땅이 진동하다.

E. 바위들이 갈라지고, 등등.

F. 많은 무덤들이 열리다.

G. 백부장이 예수께서 그처럼 소리치시며 숨을 거두시는 것을 보고 하나님께 영광을 돌리다.

H. 온 군중이 일어난 일을 보고 자기 가슴을 치며 돌아가다.

I. 유대인들이 가혹한 결정을 내려, 십자가형을 받은 자들의 정강이뼈가 부러지도록 하다.

K. 그들이 빌라도에게 사람들을 보내 십자가형을 받은 자들이 정강이뼈가 꺾인 채 매달리도록 요청하다.

L. 다른 이들의 정강이뼈가 꺾이다.

M. 한 병사가 창으로 예수의 옆구리를 찌르다.

N. 멀리 예수의 모든 친족과 여인들이 서 있다.

무. 대지가 모두 흔들리고 산이 무너지다.

기. 돌기둥이 갈라지고 돌이 서로 부딪치다.

경. 옛 무덤들이 저절로 열리다.

신. 병사들의 장수가 여러 신령한 이적을 보고, 놀라서 찬탄하다.

임. 악한 무리 또한 그 사실을 알고 통회하고 가슴을 치며 머리를 떨구고 돌아가다.

계. 병졸들이 두 도적의 넓적다리를 꺾어 속히 죽이다.

자. 예수께서 돌아가시자 한 병졸이 창을 들어 그 오른편 옆구리를 찌르자 물과 피가 흘러나오다.

축. 성모와 여러 성인들이 여러 상황을 고통스럽게 바라보다.

『천주강생언행기략』 제7권 제24장을 보라.

QVÆ GESSIT CHRISTVS DESCENDENS AD INFEROS. 131

Zach. ix. Eccle. xxiiij. ad Epheſ. iiij. ciiij

A. Chriſti anima nulla mora interpoſita, venit in Limbum Patrum. B. Omnium ſanctorum Patrum animæ, animam IESV ſupplices venerantur. C. Anima latronis, paulo poſt mortui, portatur ab Angelis ad Limbum.	D. In Limbo infantũ nulla pars huius lætitiæ. E. E Purgatorio multæ animæ liberantur, quod ſignificant radij lucis inde ad limbum Patrum prodeuntes. F. In inferno inferiori Lucifer cum ſuis, ipsoque Iuda grauiter fremit.

耶穌聖魂降臨地獄

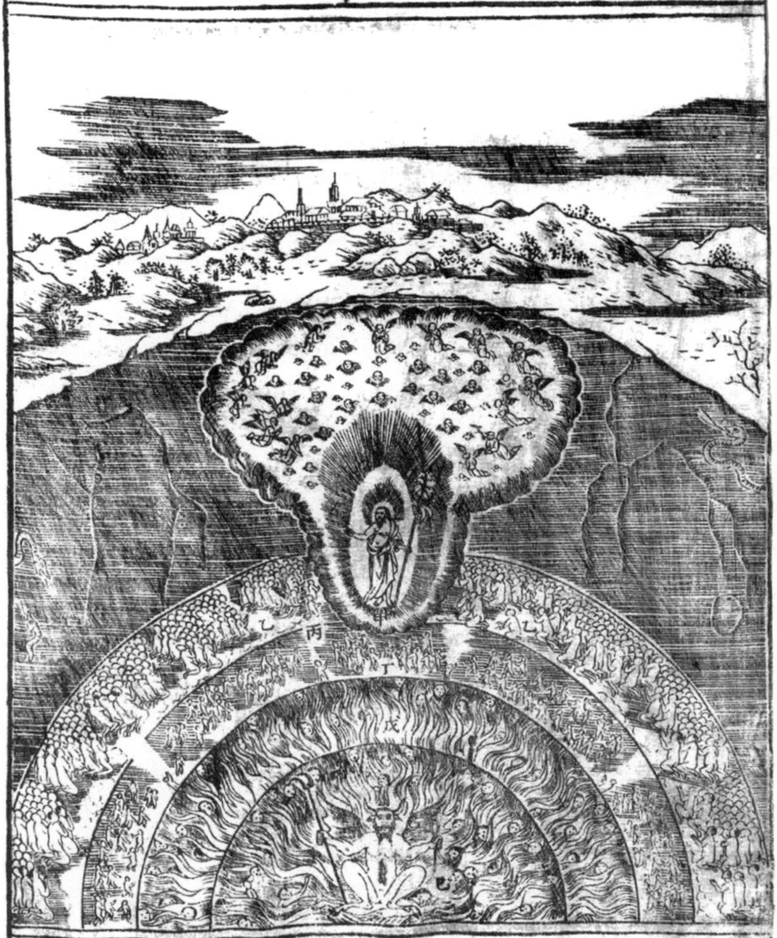

甲耶穌死後其聖
魂即降臨靈薄
首重地獄救拔
諸古聖者
乙古來諸聖靈魂
伏仰耶穌神灵
丙善盜灵魂是日
亦蒙天神携到
靈薄
丁二重地獄孩童
未得領受主恩
戊煉罪獄中諸魂
是日多蒙超拔
升到靈薄
己永苦地獄邪魔
與諸惡人灵魂
惶赫驚懼
見行紀八卷一

QUAE GESSIT CHRISTUS DESCENDENS AD INFEROS
그리스도께서 음부로 내려가셔서 행하신 일들

Zach. ix, Eccle. xxiiii, ad Ephes. iiii 슥 9장, 집회 24장, 엡 4장

131 ciiii 도해 131 (104)

A. Christi anima nulla mora interposita, venit in Limbum Patrum.

B. Omnium sanctorum Patrum animae, animam IESU supplices venerantur.

C. Anima latronis, paulo post mortui, portatur ab Angelis ad Limbum.

D. In Limbo infantium nulla pars huius laetitiae.

E. Purgatorio multae animae liberantur, quod significant radii lucis inde ad limbum Patrum prodeuntes.

F. In inferno inferiori Lucifer cum suis, ipsoque Iuda graviter fremit.

A. 그리스도의 영혼이 지체 없이 조상들의 림보에 도착하다.

B. 모든 거룩한 조상들의 영혼들이 예수의 영혼에게 간구하며 경배하다.

C. 조금 후에 죽은 강도의 영혼이 천사들에 의해 림보로 옮겨지다.

D. 유아들의 림보에는 이러한 기쁨이 전혀 없다.

49

[出像經解, BSB, 25b]

耶穌聖魂降臨地獄[93]

예수의 거룩한 영혼이 지옥에 내려가시다

甲. 耶穌死後, 其聖魂卽降臨靈薄[94], 首重地獄[95], 救拔諸古聖者。
乙. 古來諸聖靈魂[96], 伏仰耶穌神靈。
丙. 善盜靈魂, 是日, 亦蒙天神携到靈薄。
丁. 二重地獄[97], 孩童未得領 受主恩。
戊. 煉罪獄[98]中諸魂, 是日, 多蒙超拔, 昇到靈薄。
己. 永苦地獄, 邪魔與諸惡人靈魂, 惶赫驚懼。

見行紀八卷一。

갑. 예수께서 돌아가신 후 그 거룩한 영혼이 즉시 림보에 내려가 첫째 층 지옥에서 여러 옛 성인들을 구원하시다.
을. 예로부터 있었던 여러 성인들의 영혼이 예수의 영혼(神靈)을 엎드려 우러르다.
병. 선한 도둑의 영혼이 이 날 또한 천사에 이끌려 림보에 이르다.
정. 둘째 층 지옥에서 어린이들은 주의 은혜를 아직 받지 못하다.

---

93 地獄: 라틴어 "Infernus"(지옥)의 번역이다. 『天主降生出像經解』는 "地裂獄"이라는 용어도 사용하고 있다.

94 靈薄: 라틴어 "Limbus(")림보)를 어근으로 하는 유럽어의 음역이다.

95 首重地獄: "Limbus Patrum"(조상들의 림보)를 의미한다. 『天主降生出像經解』는 "古聖人暫候所", "古聖安所" 혹은 "古聖" 등의 번역어도 사용하고 있다.

96 靈魂: 라틴어 "anima(영혼)의 번역어이다.

97 二重地獄: "Limbus infantium"(유아들의 림보)를 의미한다.

98 煉罪獄: 라틴어 "Purgatorium"(연옥)의 번역이다. 『天主降生出像經解』는 "煉罪處"라는 용어도 사용하고 있다.

E. 연옥으로부터 많은 영혼들이 해방되다. 여기서부터 조상들의 림보로 나아가는 빛의 광채가 이를 나타내다.

F. 가장 아래쪽 음부에서는 루키페르[23]가 자신에게 속한 자들과 또한 저 유다와 함께 엄청 크게 울부짖는다.

23 도해 12의 "루키페르"에 대한 각주를 참조하라.

戊. 연옥(煉罪獄)의 여러 영혼이 이날 많이 구제함을 받아 림보에 오르다.
己. 영원한 고통의 지옥에서 사악한 마귀와 여러 악인의 영혼이 떨며 두려워하다.

『천주강생언행기략』 제8권 제1장을 보라.

DEPONITVR CHRISTI CORPVS E CRVCE. 132

Matth. xxvij. Marc. xv. Luc. xxiij. Ioan. xix. cv

A. *Venit ad Pilatum Ioseph ab Arimathia audacter; & petijt corpus IESV.*

B. *Venit Nicodemus cum vnguento, & Ioseph cum sindone ad crucem.*

C. *Deponunt corpus IESV summa cum pietate ac dolore.*

D. *Arimathia oppidum.*

E. *Locus sepulcri cum vestibulo.*

文武二仕殮瘞耶穌
I.N.R.I.
甲
乙
丙
丁
戊
已
甲耶穌受難日有信
士武官若瑟者向
比剌多求瘞耶穌
乙尼閣得睦導長亦
市香液百觔偕若
瑟解釋耶穌尸以
殮之
丙置聖尸于平石上
敬濡沫之以練布
殮之
丁若望與瑪大肋納
及諸聖婦俱陪聖
母殮瘞耶穌
戊瘞耶穌于石墓即
若瑟原自造新壽
域用大石前掩
已比剌多懼如德亞
人之求差兵守墓
命嚴巡

DE CHRISTI SEPVLTVRA. 133
Eisdem capitibus. cvi

A. *Pie meditamur depositum è cruce filium, gremio Matris exceptum, quod non exprimit imago.*
B. *Stratum corpus super planum lapidem vngunt, obuoluunt sindone, & sudario.*
C. *Sepeliunt in horto, & sepulcro Ioseph; sepulcrum lapide occludunt.*
D. *Mulieres obseruant, vbi ponatur.*
E. *Maria Virgo Mater cum mulieribus redit domum.*
F. *Iudæi impetrant à Pilato, vt adhibeatur custodia sepulcro.*
G. *Veniunt ad sepulcrum: obsignant illud publico signo; apponunt custodiam.*

文武二仕殮瘞耶穌
甲
乙
丙
丁
甲耶穌受難日有信
士武官若瑟者向
比剌多求瘞耶穌
乙尼閣得睦學長亦
市香液百觔偕若
瑟解釋耶穌尸以
殮之
丙置聖尸于平石上
敬濡沐之以練布
殮之
丁若望與瑪大肋納
及諸聖婦俱陪聖
母殮瘞耶穌
戊瘞耶穌于石墓節
若瑟夙自造新壽
域用大石前閘
己比剌多厰如德亞
人之求差兵守墓
令嚴護之

DEPONITUR CHRISTI CORPUS E CRUCE

그리스도의 몸이 십자가에서 내려지다

Matth. xxvii, Marc. xv, Luc. xxiii, Ioan. xix 마 26장, 막 14장, 눅 22장, 요 18장

132 cv 도해 132 (105)

A. Venit ad Pilatum Ioseph ab Arimathia audacter; et petiit corpus IESU.

B. Venit Nicodemus cum unguento, et Ioseph cum sindone ad crucem.

C. Deponunt corpus IESU summa cum pietate ac dolore.

D. Arimathia oppidum.

E. Locus sepulcri cum vestibulo.

A. 아리마대 출신 요셉이 용감하게 빌라도에게 와서 예수의 시신을 요구하다.

B. 니고데모가 기름을, 요셉이 아마포를 가지고 십자가로 오다.

C. 사람들이 지극한 경건과 슬픔으로 예수의 시신을 내리다.

D. 아리마대 마을.

E. 입구가 있는 무덤터.

DE CHRISTI SEPULTURA

그리스도의 매장

Eisdem capitibus 마 26장, 막 14장, 눅 22장, 요 18장

133 cvi 도해 133 (106)

A. Pie meditamur depositum e cruce filium, gremio Matris exceptum, quod non exprimit imago.

B. Stratum corpus super planum lapidem ungunt, obvoluunt sindone, et sudario.

50

[出像經解, BSB, 26a]

文武二仕殮塟耶穌

문무 두 관리가 예수를 염하여 장사지내다

甲. 耶穌受難日, 有信士武官, 若瑟者, 向比剌多, 求塟耶穌。

乙. 尼閣得睦[99]學長, 亦市香液百觔, 偕若瑟解釋耶穌尸, 以殮之。

갑. 예수의 수난일에 신실한 무관인 요셉이라는 이가 빌라도에게 예수를 장례 치를 것을 청하다.

을. 니고데모 바리새인 지도자가 또한 향유 백 근을 구입하여 요셉과 함께 예수의 시신을 내려서 염하다.

丙. 置聖尸于平石上, 敬濡沫之, 以練布殮之。

丁. 若望與瑪大肋納, 及諸聖婦, 俱陪聖母, 殮塟耶穌。

99 尼閣得睦: 라틴어 "Nicodemus"(니고데모)를 어근으로하는 유럽어의 음역이다.

C. Sepeliunt in horto, et sepulcro Ioseph; sepulcrum lapide occludunt.

D. Mulieres observant, ubi ponatur.

E. Maria Virgo Mater cum mulieribus redit domum.

F. Iudaei impetrant a Pilato, ut adhibeatur custodia sepulcro.

G. Veniunt ad sepulcrum: obsignant illud publico signo; apponunt custodiam.

A. 우리는 십자가에서 내려지고 어머니의 품에 안긴 아들을 경건하게 묵상한다. 그것이 도해에는 드러나지 않는다.

B. 평평한 돌판 위로 바로 누인 시신에 향유를 바르고 아마포와 수건으로 싸매다.

C. 요셉의 동산과 무덤에 매장하고 무덤을 바위로 막다.

D. 여인들이 어디에 시신이 놓였는지 살피다.

E. 동정녀 어머니 마리아가 여인들과 함께 집으로 돌아가다.

F. 유대인들이 빌라도에게 청하여 무덤에 경비병이 배치되게 하다.

G. 유대인들이 무덤에 와서 이를 공적인 인으로 봉하고 경비병을 세우다.

戊. 瘞耶穌于石墓, 卽若瑟夙自造新壽域, 用大石前扃。

己. 比剌多順如德亞人之求, 差兵封墓, 令嚴守之。

見行紀七卷二十五。

병. 성스러운 시신을 평평한 돌 위에 놓고 향유를 적셔 바르고 세마포로 염하다.

정. 요한과 막달라 여인과 여러 거룩한 여인들이 모두 성모를 모시고 예수를 염하고 장사하다.

무. 예수를 돌 무덤, 곧 요셉이 일찍이 자신을 위해 만든 새 무덤에 묻으시고 큰 돌로 앞빗장을 하다.

기. 빌라도는 유대인들의 요청을 따라 병사를 보내 무덤을 봉하고 엄히 지키라고 명하다.

『천주강생언행기략』 제7권 제25장을 보라.

RESVRRECTIO CHRISTI GLORIOSA. 134

Matth. xxviij. Marc. xvi. Luc. xxiiij. Ioan. xx. cviij

A. *Adeſt Chriſtus in anima ad ſepulcrum ex limbo cum Angelis, & animabus Patrum, ad finem crepuſculi primæ Sabbati.*

B. *Vnit animam corpori, & egreditur ſaluo ſepulcro; pronunciat; Vici mundum, conculcaui dæmonem, mortem interemi, viuo in æternum.*

C. *Sepulcrum obſignatum.*

D. *Milites duo agunt excubias; alij dormiunt, nemo quicquam omnino ſentit.*

E. *Ducit Chriſtus captiuum ſathanam, mortem, &c.*

F. *Per totam Iudæam è ſepulchris apertis, ſancti excitantur, quorum animæ interfuerunt Chriſti reſurrectioni, & apparent deinde multis.*

耶穌復活

甲耶穌聖魂偕諸古聖自靈薄所復入墓中而聖軀復活

乙聖墓仍封耶穌聖體光明輕快清晨透墓而出千萬神聖擁護左右

丙兵卒二人輪守墓其餘假寐莫知耶穌復活

丁時古塚頓啟前聖復活現於衆人爲耶穌証者見行紀八卷一

RESURRECTIO CHRISTI GLORIOSA
그리스도의 영광스러운 부활

Matth. xxviii, Marc. xvi, Luc. xxiiii, Ioan. xx 마 28장, 막 16장, 눅 24장, 요 20장

134 cviii 도해 134 (108)

A. Adest Christus in anima ad sepulcrum ex limbo cum Angelis, et animabus Patrum, ad finem crepusculi primae Sabbati.

B. Unit animam corpori, et egreditur salvo sepulcro; pronunciat; Vici mundum, conculcavi daemonem, mortem interemi, vivo in aeternum.

C. Sepulcrum obsignatum.

D. Milites duo agunt excubias; alii dormiunt, nemo quicquam omnino sentit.

E. Ducit Christus captivum sathanam, mortem, etc.

F. Per totam Iudaeam e sepulchris apertis, sancti exciantur, quorum animae interfuerunt Christi resurrectioni, et apparent deinde multis.

A. 그리스도께서, 첫째 안식일 여명이 끝날 무렵, 영혼으로 천사들과 조상들의 영들과 함께 림보에서 무덤으로 오시다.

B. 그리스도께서는 몸과 영혼이 하나 되어 무덤을 훼손하지 않은 채로 나와 선언하시다, "내가 세상을 이겼고 악마를 발로 짓밟았으며, 죽음을 없앴고 영원히 살리라."

C. 봉인된 무덤.

D. 두 병사가 보초를 서다. 다른 이들은 잠을 자고, 아무도 전혀 알아차리지 못하다.

E. 그리스도께서 사탄, 죽음 등등을 사로잡아 끌고 가시다.

F. 온 유대 지역에 걸쳐 열린 무덤들에서 거룩한 이들이 깨어나서, 그들의 영혼들이 그리스도의 부활에 동참하고, 그 후에 많은 이들에게 나타나다.

51

[出像經解, BSB, 26b]

耶穌復活[100]

예수께서 부활하시다

甲. 耶穌聖魂, 偕諸古聖, 自靈慱所, 復入墓中, 而聖軀復活。
乙. 聖墓仍封耶穌聖體, 光明輕快, 淸晨透墓而出, 千萬神聖, 擁護左右。
丙. 兵卒二人, 輪守墓, 其餘假寐, 莫知耶穌復活。
丁. 時古塚頓啟, 前聖復活, 現於衆人, 爲耶穌証者。

見行紀八卷一。

갑. 예수의 거룩한 영혼이 여러 옛 성인들과 함께 림보 처소로부터 다시 무덤 속으로 들어가고 거룩한 몸(聖軀)으로 부활하시다.
을. 거룩한 무덤은 여전히 예수의 거룩한 몸을 봉하고 있는데, 예수의 거룩한 몸(聖體)이 이른 아침에 밝고 가볍게 무덤을 빠져서 나오시니, 수많은 천사와 성인들(神聖)이 좌우를 둘러싸다.
병. 병졸 두 사람이 차례대로 무덤을 지키고 나머지는 옅은 잠(假睡眠)이 들어 예수의 부활을 알지 못하다.
정. 그때에 옛 무덤들이 갑자기 열리고, 옛 성인들이 다시 살아나서 많은 사람들 앞에 나타나 예수의 증인이 되다.

『천주강생언행기략』 제8권 제1장을 보라.

100 復活: 라틴어 "Resurrectio"(부활)의 번역어이다.

EODEM DIE APPARET MATRI MARIÆ VIRGINI. 135 cix

A. *Diſcedentibus Sanctis, è veſtigio venit in montem Sion* IESVS, *cum cœleſti comitatu, Matri apparet ſoli in conclaui; iucundiſſimè colloquantur.*

B. *Gerebantur hæc alijs inſcijs, & mœrentibus, & mulieribus ſe ad ſepulcrum viſendum parantibus.*

C. *In ſepulcro nulla mutatio.*

耶穌復活現慰聖母

甲耶穌復活諸神聖擁隨乃顯身于聖母靜室而寬慰之聖母不勝榮忭

乙是時他人未見尚懷憂惧諸聖女備香液欲詣聖墓

丙墳墓尚閉如故守墓者不知耶穌復活

見行紀八卷二

EODEM DIE APPARAT MATRI MARIAE VIRGINI
같은 날 예수께서 동정녀 어머니 마리아에게 나타나시다

135 cix 도해 135 (109)

A. Discedentibus Sanctis, e vestigio venit in montem Sion IESUS, cum caelesti comitatu, Matri apparet soli in conclavi; iucundissime colloquuntur.

B. Gerebantur haec aliis insciis, et maerentibus, et mulieribus se ad sepulchrum visendum parantibus.

C. In sepulcro nulla mutatio.

A. 성도들이 떠난 후 예수께서 즉시 하늘의 일행과 함께 시온산에 가서 방에 홀로 계신 어머니에게 나타나시다. 그들이 매우 다정하게 대화하다.

B. 이 일들은 다른 사람들이 알아차리지 못했고, 슬퍼하는 중에 또한 여인들이 무덤을 보고자 준비하는 중에 일어났다.

C. 무덤 안에는 어떤 변화도 없다.

52

[出像經解, BSB, 27a]

耶穌復活現慰聖母

예수께서 부활하여 성모에게 나타나 위로하시다

甲. 耶穌復活, 諸神聖擁隨, 乃顯身于聖母靜室, 而寬慰之, 聖母不 勝榮忭。
乙. 是時, 他人未見尙懷憂惧, 諸聖女備香液, 欲詣聖墓。
丙. 墳墓尙閉如故, 守墓者不知耶穌復活。

見行紀八卷二。

갑. 예수께서 부활하시니 여러 천사와 성인이 둘러싸 따르다. 성모의 조용한 방에 몸을 나타내셔서 너그러이 위로하시니, 성모가 몹시 기뻐하다.
을. 이때에 다른 사람들은 보지 못하니 여전히 슬퍼하고 두려워하며, 여러 성녀들은 향유를 준비해서 거룩한 무덤을 찾아가려 하다.
병. 무덤은 전과 같이 아직 닫혀 있고, 무덤을 지키는 자는 예수의 부활을 알지 못하다.

『천주강생언행기략』 제8권 제2장을 보라.

ASCENSIONEM CHRISTI PRAECEDENTIA PROXIME.

Marc. vlti. Luc. xxiiij. Actor. i. 147 cxxv

A. *Vltima apparitio Christi in Cœnaculo montis Sion, vel vltimæ principium.*

B. *Christus discumbit cum Apostolis.*

C. *Exprobrat incredulitatem præteritam aliquorum; edicit ipsis, vt eant in mundum vniuersum, &c.*

D. *Circulis porro designantur, quæ continet Euangelium; & primum quidem docentur fidem, & baptizantur credentes.*

E. *Dæmonia eijciunt.*

F. *Loquuntur linguis.*

G. *Serpentes tollunt, vt Paulus, qui viperam excutit.*

H. *Si mortiferum quid bibunt, non eis nocet, vt Ioanni.*

I. *Super ægros manus imponunt et eos sanat.*

K. *Spectant ad curiositatem Apostoli, à qua deterret eos Christus.*

L. *Educit eos in montem Bethaniam versus, ducens secum pompam angelorum & animarum.*

耶穌將昇天施命

甲耶穌將昇天顯身都
城西完山中與宗徒
同席
乙坐間責其門徒向有
不信者乃命敷敎四
方
丙耶穌命徒凡世人有
篤信者宜授以聖洗
復預示信德之明驗
丁篤信者能驅魔
戊能言萬國方語
巳毒蛇不爲害
庚飮毒不爲患
辛撫病者而病者愈
壬門徒訝視耶穌戒其
輕試之心
癸耶穌受諸天神及諸
聖魂擁護乃率門徒
詣郊外昇天之所
見行紀八卷三之十

ASCENSIONEM CHRISTI PRAECEDENTIA PROXIME
그리스도의 승천 직전의 일들

Marc. ulti, Luc. xxiiii, Actor. i 막 16장, 눅 24장, 행 1장

147 cxxv 도해 147 (125)

A. Ultima apparitio Christi in Coenaculo montis Sion, vel ultimae principium.

B. Christus discumbit cum Apostolis.

C. Exprobrat incredulitatem praeteritam aliquorum; edicit ipsis, ut eant in mundum universum, etc.

D. Circulis porro designantur, quae continet Evangelium; et primum quidem docentur fidem, et baptizantur credentes.

E. Daemonia eiiciunt.

F. Loquuntur linguis.

G. Serpentes tollunt, ut Paulus, qui viperam excutit.

H. Si mortiferum quid bibunt, non eis nocet, ut Ioanni.

I. Super aegros manus imponunt et eos sanant.

K. Spectant ad curiositatem Apostoli, a qua deterret eos Christus.

L. Educit eos in montem Bethaniam versus, ducens secum pompam angelorum et animarum.

A. 시온산 만찬장에서 그리스도의 마지막 현현 혹은 마지막 현현의 시작.

B. 그리스도가 사도들과 함께 만찬 자리에 앉으시다.

C. 그리스도께서 어떤 이들의 이전의 불신앙을 꾸짖고, 그들에게 명하시기를, "온 세상으로 나아가라." 등등.

D. 앞쪽 원들 가운데 복음서가 담고 있는 일들이 표시되다. 그들은 무엇보다도 믿음이 으뜸이라고 가르침을 받고, 믿는 자들이 세례를 받는다.

E. 그들이 귀신들을 몰아내다.

53

[出像經解, BSB, 27b]

耶穌將昇天施命
예수께서 승천하려 하시며 분부를 내리시다

甲. 耶穌將昇天顯身, 都城, 西完[101]山中, 與宗徒同席。

乙. 坐間, 責其門徒, 向有不信者, 乃命敷教四方。

丙. 耶穌命徒, 凡世人有篤信者, 宜授以聖洗[102], 復預示信德[103]之明驗。

丁. 篤信者能驅魔。

戊. 能言萬國方語。

己. 毒蛇不爲害。

庚. 飮毒不爲患。

辛. 撫病者而病者愈。

壬. 門徒訝視, 耶穌戒其輕試之心。

癸. 耶穌受諸天神及諸聖魂擁護, 乃率門徒詣郊外昇天之所。

見行紀八卷三之十。

갑. 예수께서 승천하려 하심에 도성 시온 산에 몸을 나타내고 제자들과 자리를 함께 하시다.

을. 좌중에서 그 제자들이 이제껏 믿지 못함을 책망하시고 가르침을 천하사방에 펼치라고 명하시다.

병. 예수께서 제자들에게 "무릇 세상 사람 중에 독실한 신자에게 마땅히 거룩한 세례를 주라"고 명하고, 다시 믿음의 표적을 미리 알리시다.

정. 독실한 신자는 마귀를 몰아낼 수 있다.

---

101 西完: 라틴어 "Sion"(시온)를 어근으로 하는 유럽어의 음역이다.

102 聖洗: 라틴어 "Baptismus"(세례)의 번역어이다. 『天主降生出像經解』는 "洗"라는 용어도 사용하고 있다.

103 信德: 라틴어 "fides"(믿음)의 번역어이다.

F. 방언을 말하다.

G. 독사를 털어낸 바울처럼 뱀들을 없애다.

H. 치명적인 것을 마실지라도 요한처럼 그들에게 해를 입히지 못하다.

I. 병자들에게 손을 올려 그들을 고치다.

K. 사도들이 호기심으로 시험에 들자, 그리스도께서 그들의 마음을 돌리시다.

L. 그가 베다니 건너편 산으로 그들을 인도해 내시고, 천사들과 영혼들의 행렬을 이끄시다.

무. 만국의 방언을 능히 말할 수 있다.
기. 독사가 해치지 못한다.
경. 독을 마셔도 병들지 않는다.
신. 병자를 만지니 병자가 치유되다.
임. 제자들이 의아하게 여기자, 예수께서 쉽게 의심하는 마음을 경계하시다.
계. 예수께서 여러 천사와 여러 성인의 영혼으로 둘러싸여, 제자들을 데리고 교외의 승천 장소로 나아가시다.

『천주강생언행기략』 제8권 제3-10장을 보라.

ASCENSIO CHRISTI IN COELVM. 148

Mar. xvi. Luc. xxiiij. Ioan. xxi. Act. i. cxxvi

A. *Intelligitur perueniſſe ad verticem montis oliueti cum cœleſti cœtu.*

B. *Hinc, cum omnium in ſe oculos, animosq; conuerſos cerneret, benedicens eis aſcendit in cœlum.*

C. *Splendidiſſima exceptus nube ab oculis eorum eripitur, pompæ Angelorum et animarum coniungunt ſeſe plurimi Angeli è cœlo, qui iubilo, & voce tubæ venientem excipiunt.*

D. *Apoſtolis intuentibus euntem in cœlum.*

E. *Duo Angeli candida veſte insignes præmunciant Chriſtum pari maieſtate, et gloria ad iudicium vniuerſale eſſe venturum.*

F. *Redeunt domum, & ſunt aſſidue in templo, laudantes & benedicentes Deum, quod non potuit exprimere imago.*

耶穌升天
甲耶穌率衆聖至於
阿利襪山界之神
能命之敷教萬方
乃擧身升天足蹟
至今印留石上
乙衆聖注目耶穌從
空擧手而降之福
丙白雲繞遮聖軀諸
古聖靈魂同升天
神歌樂擁迓
丁有二天神自天而
降現于衆聖前報
耶穌已昇天又諭
以日後仍從天而
降審判生死
戊宗徒暫歸時聚聖
堂讚頌主恩亟望
耶穌所許聖神之
降臨云
見行紀八卷十二

ASCENSIO CHRISTI IN COELUM[24]

그리스도의 승천

Mar. xvi, Luc. xxiiii, Ioan. xxi, Act. i 막 16장, 눅 24장, 요 21장, 행 1장

148 cxxvi 도해 148 (126)

A. Intelligitur pervenisse ad verticem montis oliveti cum caelesti coetu.

B. Hinc, cum omnium in se oculos, animosque conversos cerneret, benedicens eis ascendit in caelum.

C. Splendidissima exceptus nube ab oculis eorum eripitur, pompae Angelorum et animarum coniungunt sese plurimi Angeli e caelo, qui iubilo, et voce tubae venientem excipiunt.

D. Apostolis intuentibus euntem in caelum.

E. Duo Angeli candida veste insignes praenunciant Christum pari maiestate, et gloria ad iudicium universale esse venturum.

F. Redeunt donum, et sunt assidue in templo, laudantes et benedicentes deum, quod non potuit exprimere imago.

A. 그리스도께서 하늘의 무리와 함께 올리브산 꼭대기에 도착한 것으로 생각되다.

B. 여기서 모든 사람들의 눈과 영혼이 자신에게 향한 것을 보시고 그들을 축복하시며 하늘로 오르시다.

C. 그리스도께서 찬란한 구름으로 들려 그들의 눈에서 사라져가고, 천사들과 영혼들의 행렬이 하늘의 수많은 천사들과 연합하는데, 이들은 환호성과 나팔 소리 가운데 오시는 분을 영접한다.

D. 사도들이 하늘로 오르시는 분을 경이롭게 쳐다보다.

E. 흰옷으로 치장한 두 천사가 그리스도께서 우주적 심판을 위해 위엄과 영광을 동반한 가운데 오시리라는 것을 예고하다.

---

24 앞 도해들에서는 ‘caelum’으로 표기되고 있다.

54

[出像經解, BSB, 28a]

耶穌昇天

예수께서 승천하시다

甲. 耶穌率衆聖至於阿利襪山, 畀之神能命之敷敎萬方, 乃擧身昇天足蹟, 至今印留石上。

乙. 衆聖注目, 耶穌從空擧手而降之福。

丙. 白雲繞遮聖軀, 諸古聖靈魂同昇, 天神歌樂擁迓。

丁. 有二天神, 自天而降現于衆聖前, 報耶穌已昇天, 又諭以日後仍從天, 而降審判生死。

戊. 宗徒暫歸, 時聚聖堂讚頌主恩, 亟望耶穌所許聖神之降臨云。

見行紀八卷十二。

갑. 예수께서 여러 성도들을 데리고 감람산에 이르러 권능을 주며 만방에 가르침을 펼치라고 명하시다. 이에 몸을 들어 승천하시니, 발자국이 지금까지 돌 위에 새겨져 남아 있다.

을. 여러 성도들이 바라보니 예수께서 공중에서 손을 들어 그들에게 복을 내리시다.

병. 흰 구름이 거룩한 몸(聖軀)을 둘러 가리고, 여러 옛 성인의 영혼이 함께 올라가니, 천사들이 노래하고 연주하며 둘러싸 맞이하다.

정. 두 천사가 하늘에서 내려와 여러 성도들 앞에 나타나, 예수께서 이미 승천하심을 알리고, 또 이후에도 하늘에서 내려와 죽은 자와 산 자를 심판하신다고 깨우쳐 주다.

F. 그들이 집으로 돌아간 다음 열심히 성전에 머무르면서 하나님을 찬양하고 그분께 영광을 돌리다. 도해는 이를 다 나타낼 수 없다.

戊. 제자들이 곧 돌아가서 늘 성전에 모여 주의 은혜를 찬송하고, 예수께서 허락하신 성령의 강림을 몹시 바라다.

『천주강생언행기략』 제8권 제12장을 보라.

SACRA DIES PENTECOSTES.	*149*
Act. ij.	*cxxvij*

A. *Hieruſalem, & locus in monte Sion, in quo hæc facta ſunt myſteria.* B. *Cænaculum in ea domo, vbi inſtituerat Eucharistiam Dominus. Ibi erant ſedentes.* C. *Consident omnes ordine.* D. *Sedet in medio beatiſſima Virgo Mater; omnes ſumma cum expectatione & deuotione.* E. *Fit repente de cælo ſonus tanquam aduenientis ſpiritus vehementis, & replet totam domum.*	F. *Apparent linguæ tanquam ignis, qui ſedit ſuper ſingulos. Et repleti ſunt Spiritu ſancto.* G. *Incipiunt eloqui varijs linguis Dei laudes.* H. *Ad hanc vocem conuenit multitudo, mente confunditur, ſtupent, mirantur, nonnulli tamen irrident.* I. *Stans autem Petrus leuat vocem ſuam; concionatur ad illos diuina eloquentia & efficacia.*

聖神降臨
甲都城西完山聖神
降臨之所
乙衆聖列坐於此山
初立聖體之堂
丙聖母在上位同衆
祈望聖神降臨
丁忽然天響烈風衝
舍爲聖神降臨前
報
戊聖神借火舌之形
顯於諸聖之首衆
乃滿被聖寵
巳衆聖忽通萬國語
音仰頌洪恩
庚各方人驟聞衆聖
異音甚奇其故
辛伯鐸羅諭衆云即
古經預許聖神降
恩之証數千百人
即日歸化
見行紀八卷十三

SACRA DIES PENTECOSTES
거룩한 오순절 날

Act. ii 행 2장

149 cxxvii 도해 149 (127)

A. Hierusalem, et locus in monte Sion, in quo haec facta sunt mysteria.

B. Coenaculum in ea domo, ubi instituerat Eucharistiam Dominus. Ibi erant sedentes.

C. Consident omnes ordine.

D. Sedet in medio beatissima Virgo Mater; omnes summa cum expectatione et devotione.

E. Fit repente de caelo sonus tanquam advenientis spiritus vehementis, et replet totam domum.

F. Apparent linguae tamquam ignis, qui sedit super singulos. Et repleti sunt Spiritu sancto.

G. Incipiunt eloqui variis linguis Dei laudes.

H. Ad hanc vocem convenit multitudo, mente confunditur, stupent, mirantur, nonnulli tamen irrident.

I. Stans autem Petrus levat vocem suam; concionatur ad illos divina eloquentia et efficacia.

A. 예루살렘 그리고 시온산의 한 장소. 여기서 신비한 일들이 일어나다.

B. 주께서 성만찬을 제정하신 바로 그 집의 다락방. 거기에 그들이 앉아 있다.

C. 모두가 질서정연하게 앉아있다.

D. 중앙에 가장 복된 동정녀 어머니가 앉아있다. 모두가 경외심과 경건함 가운데 있다.

E. 갑자기 하늘에서 소리가 나는데, 마치 바람이 격렬하게 불어와서 온 집

55

[出像經解, BSB, 28b]

聖神降臨
성령이 강림하다

甲. 都城西完山, 聖神降臨之所。

乙. 衆聖列坐於此山初立聖體[104]之堂。

丙. 聖母在上位同衆, 祈望聖神降臨。

丁. 忽然天響, 烈風衝舍, 爲聖神降臨前報。

戊. 聖神借火舌之形, 顯於諸聖之首, 衆乃滿被聖寵。

己. 衆聖忽通萬國語音, 仰頌洪恩。

庚. 各方人驟聞衆聖異音, 甚奇其故。

辛. 伯鐸羅諭衆云, 卽古經預許聖神降恩之証, 數千百人卽日歸化。

見行紀八卷十三。

갑. 도성의 시온산, 성령이 강림한 곳.

을. 여러 성도들이 이 산에 있는 처음 성체대례를 세운 집에 나란히 앉다.

병. 성모가 윗 자리에 무리와 함께 하고 성령 강림을 고대하다.

정. 홀연 하늘에서 소리가 나고 세찬 바람이 집에 부딪치니 성령 강림의 전조이다.

무. 성령이 불의 혀 같은 형태로 여러 성도들의 머리 위에 나타나고 무리가 거룩한 은총을 가득 입다.

---

104 聖體: 라틴어 "Eucharistia"(성체)의 번역어이다. 『天主降生出像經解』에서는 "Sanctissimum Sacramentum"(가장 거룩한 성체)의 번역어로도 사용되고 있다.

안을 가득 채우는 듯하다.

F. 불과 같은 혀들이 나타나 각 사람 위에 머무르다. 그러자 그들은 성령으로 채워지다.

G. 여러 방언으로 하나님에 대해 찬양하기 시작하다.

H. 많은 사람들이 이 소리를 향해 몰려와서는 마음이 혼란스러워지고 놀라워하나, 그럼에도 몇몇 사람들은 그들을 조롱하다.

I. 그런데 베드로가 서서 소리를 높이니, 신령한 화술과 효과가 그들에게 집중적으로 쏟아지다.

기. 여러 성도들이 홀연히 세상 나라들의 언어를 이해하고 큰 은혜를 우러러 찬송하다.

경. 각 지방의 사람들이 돌연 여러 성도들의 다른 말소리를 듣고 그 까닭을 심히 기이하게 여기다.

신. 베드로가 무리를 깨우쳐 "곧 구약(古經)에서 성령 강림의 은혜를 미리 언약하신 증거라"고 이르니 수천 명의 사람들이 그날로 믿는 자가 되다.

『천주강생언행기략』 제8권 제13장을 보라.

A. Paratur funus perquam honorificè. B. Portant feretrum Petrus & Iacobus, et primi quique Apostolorum versus torrentem Cedron. C. Superne prosequitur funus Angelorum	multitudo. D. Perueniunt iuxta hortum Gethsemani, vbi erat paratum sepulcrum nouum, felix tanta hospita futurum. Ibi eam sepeliunt cum summis laudibus.

聖母卒葬三日復活昇天

甲宗徒布教四方蒙天神携帶一時聚送聖母之終

乙聖母訓勉宗徒泰然謝世

丙宗徒恭備大禮親舁聖母往葬

丁天神歌樂陪送

戊閣中新墓葬聖母處

己葬後三日天主令聖母復活吾主親接升天

庚諸品天神欽擁聖母

辛宗徒守墓三日後不復聞天樂開墓不見知已升天

見聖母行實

SVSCITATVR VIRGO MATER A FILIO.	152 clij

A. *Ad finem tridui adeſt Chriſtus cum militia cœleſtis exercitus innumerabili.* B. *Clauſo ſepulcro ſuſcitat Matrem, animam eius & corpus maximis donis cumulat.* C. *Egreditur illa fulgentiſsima, immortalitatis gloria ornata, ſtellis duodecim coronata, amicta Sole, & ſub pedibus Lunam habens.*	D. *Excipit eam Chriſtus gratulatione ſumma.* E. *Eam adorat, eique obedientiam è veſtigio defert cœleſtis exercitus, Dei Matrem, Reginam ſuam, & orbis profitetur vniuerſi.* F. *Ceſſante in terris concentu Angelorum, intelligunt Apoſtoli reſurrexiſſe ſacram Virginem.*

聖母卒葬三日復活昇天

甲宗徒布教四方蒙天神携帶一時聚送聖母之終

乙聖母訓勉宗徒泰然謝世

丙宗徒恭備大禮親昇聖母往葬

丁天神歌樂陪送

戊園中新墓葬聖母處

己葬後三日天主令聖母復活吾主親接升天

庚諸品天神欽擁聖母

辛宗徒守墓三日後不復聞天樂開墓不見知已升天

見聖母行實

VIRGINIS MATRIS SEPULTURA

동정녀 어머니의 무덤

151 cli 도해 151 (151)

A. Paratur funus perquam honorifice.

B. Portant feretrum Petrus et Iacobus, et primi quique Apostolorum versus torrentem Cedron.

C. Superne prosequitur funus Angelorum multitudo.

D. Perveniunt iuxta hortum Gethemani, ubi erat paratum sepulcrum novum, felix tanta hospita futurum. Ibi eam sepeliunt cum summis laudibus.

A. 장례식이 지극히 영예롭게 준비되다.

B. 베드로와 야고보와 가장 처음 사도 된 자들이 기드론 계곡 건너편으로 상여를 나르다.

C. 위에서 장례식이 천사들의 무리 가운데 거행되다.

D. 그들이 겟세마네 동산 근처에 도착하다. 거기에는 그렇게도 위대한 여주인으로 인해 복되게 될 새 무덤이 준비되다. 거기서 최고의 찬양과 함께 그녀를 매장하다.

56

[出像經解, BSB, 29a]

聖母卒葬三日復活昇天

성모가 죽어 장사된 지 사흘 만에 부활하여 승천하다

甲. 宗徒布教四方, 蒙天神携帯, 一時聚送聖母之終。

乙. 聖母訓勉宗徒, 泰然謝世。

丙. 宗徒恭備大禮, 親舁聖母往葬。

丁. 天神歌樂陪送。

戊. 囿中新墓, 葬聖母處。

갑. 제자들이 사방에 가르침을 전파하고 천사의 인도에 힘입어 일시에 모여서 성모의 임종을 지키다.

을. 성모가 제자들을 권면하고 편안하게 세상을 떠나다.

병. 제자들이 공손히 큰 예를 갖추고 직접 성모를 메고 가서 장사 지내다.

정. 천사들이 노래하고 연주하며 모시고 가다.

무. 동산 가운데 새 무덤, 성모를 장사 지낸 곳.

SUSCITATUR VIRGO MATER A FILIO
동정녀 어머니가 아들에 의해서 일으켜지다

152 clii 도해 152 (152)

A. Ad finem tridui adest Christus cum militia caelestis exercitus innumerabili.

B. Clauso sepulcro suscitat Matrem, animam eius et corpus maximis donis cumulat.

C. Egreditur illa fulgentissima, immortalitatis gloria ornata, stellis duodecim coronata, amicta Sole, et sub pedibus Lunam habens.

D. Excipit eam Christus gratulatione summa.

E. Eam adorat, eique obedientiam e vestigio defert caelestis exercitus, Dei Matrem, Reginam suam, et orbis profitetur universi.

F. Cessante in terris concentu Angelorum, intelligunt Apostoli resurrexisse sacram Virginem.

A. 사흘이 끝날 때 그리스도께서 하늘의 용맹한 군대의 셀 수 없는 병사들과 함께 계시다.

B. 그리스도께서 봉인된 무덤에서 마리아를 깨우시고, 그녀의 영혼과 몸을 지극히 큰 은사들로 쌓으시다.

C. 지극히 찬란하게 빛나는 그녀가 나오는데, 불멸의 영광으로 장식되고 열두 별로 된 관을 쓰고 태양을 두르고 달을 발아래 지니고 있다.

D. 그리스도께서 지극히 큰 기쁨으로 그녀를 맞이하시다.

E. 천상의 군대가 그녀를 경배하고 그 자리에서 그녀에게 순종을 바치고 하나님의 어머니이며 자신과 온 세상의 여왕이라고 고백하다.

F. 땅에서 천사들의 합창이 멈추자 사도들은 거룩한 동정녀가 부활하였다는 것을 깨닫다.

己. 葬後三日, 天主令聖母復活, 吾主親接昇天。

庚. 諸品天神欽擁聖母。

辛. 宗徒守墓, 三日後, 不復聞天樂開墓, 不見知已昇天。

見聖母行實。

기. 장사한 지 사흘만에 천주께서 성모를 부활시키시고 우리 주께서 친히 승천을 맞이하시다.

경. 여러 등급의 천사들이 성모를 우러러 받들며 둘러싸다.

신. 제자들이 무덤을 지킨 지 사흘 뒤 천상의 음악을 다시 듣지 못하여 무덤을 열어보나 성모를 보지 못하니 이미 승천하였음을 알다.

『성모행실』을 보라.

ASSVMITVR MARIA IN COELVM, CORONATVR À SANCTISS. TRINITATE.

153
cliij

A. Assumit in cœlum Matrem Christus. illa dilecto Filio innititur ad dexteram honorificentissime.

B. Circumuolant cœlestes spiritus, psallentes cœleste melos, & gloriam.

C. Collocat tandem Matrem Filius ante Diuinitatem, & ad sanctissimam Trinitatem statuit.

D. Ab ea coronatur ineffabili gloria, donis, dotibus, & priuilegijs ornatur excellentissimis.

E. Aperto sepulcro credunt assumptam Apostoli à Filio, exultant in iubilum, & laudes eius cœlestes.

F. Ad sua quisque loca vnde fuerant deducti Patres, ab Angelis reducuntur.

Regnat Maria Mater Dei cum Filio in omnem æternitatem gloriosissimè.

聖母端冕居諸神聖之上

甲聖三加冕于聖母定爲諸聖人及天神之母皇

乙九品天神欽崇聖母

丙諸國帝王士民祈望聖母爲萬世主保恩母

丁天下萬方恭建殿宇崇奉聖母受其種種恩庇

終

ASSUMITUR MARIA IN COELUM[25], CORONATUR A SANCTISS. TRINITATE

마리아가 하늘로 받들어지고, 지극히 거룩한 삼위일체로부터 관 씌워지다

153 cliii 도해 153 (153)

A. Assumit in caelum Matrem Christus. illa dilecto Filio innititur ad dexteram honorificentissime.
B. Circumvolant caelestes spiritus, psallentes caeleste melos, et gloriam.
C. Collocat tandem Matrem Filius ante Divinitatem, et ad sanctissimam Trinitatem statuit.
D. Ab ea coronatur ineffabili gloria, donis, dotibus, et privilegiis ornatur excellentissimis.
E. Aperto sepulcro credunt assumptam Apostoli a Filio, exultant in iubilum, et laudes eius caelestes.
F. Ad sua quique loca unde fuerant deducti Patres, ab Angelis reducuntur.

Regnat Maria Mater Dei cum Filio in omnem aeternitatem gloriosissime.

A. 그리스도께서 어머니를 하늘로 받드시다. 그녀는 매우 영예스럽게도 사랑하는 아들의 오른편에 기대다.
B. 하늘의 영들이 주위를 날아다니고 하늘의 노래와 영광을 연주하다.
C. 마침내 아들이 어머니를 신성 앞에 거하게 하시고, 지극히 거룩한 삼위일체 곁에 세우시다.
D. 그녀는 삼위일체로부터 말할 수 없는 영광으로 관 씌워지고, 가장 탁월한 은사와 재능과 특권들로 치장되다.
E. 무덤이 열리자 그녀가 아들에 의해 들어 올려졌다고 믿는 사도들이 환

25 앞 도해들에서는 'caelum'으로 표기되고 있다.

57

[出像經解, BSB, 29b]

聖母端冕居諸神聖之上

성모가 예복과 면류관을 갖추고 여러 천사와 성인 위에 거하다

甲. 聖三[105]加冕于聖母, 定爲諸聖人及天神之母皇。

乙. 九品天神[106]欽崇聖母。

丙. 諸國帝王士民祈望, 聖母爲萬世主保恩母。

丁. 天下萬方恭建殿宇, 崇奉聖母, 受其種種恩庇。

갑. 성삼위께서 면류관을 성모에게 씌우고 여러 성인과 천사의 모후(母皇)로 정하다.

을. 9품의 모든 천사가 성모를 우러러 받들다.

병. 여러 나라 제왕과 백성들은 성모가 만세의 수호자요 은혜로운 어머니가 되기를 소망하다.

정. 천하 만방이 공경되이 성전 건물을 세워 성모를 우러러 받들고 각종 은혜와 보호하심을 받다.

---

105 聖三: 성부, 성자, 성령을 의미하는 용어다.

106 九品天神: 아홉 등급의 천사들을 의미하는 용어다.

호성하고 그녀에 대한 하늘의 찬양으로 즐거워하다.

F. 조상들이 각자 자기 처소들로부터 인도되고, 천사들에 의해 되돌아가다.

하나님의 어머니 마리아가 아들과 함께 영원무궁토록
지극히 영화롭게 다스리다.

耶穌受難聖堂帳幔自裂
INRI
日月無光
大地冥暗午時如夜
地震
石裂
先聖復活
墓開
軍將認耶穌為真王
耶穌聖魂降臨靈薄救諸古聖
見者皆搥胸而歸

58

[出像經解, BSB, 30a]

耶穌受難聖堂帳幔自裂
예수께서 고난받으실 때 성전 장막이 저절로 찢어지다

耶穌受難聖堂帳幔自裂。
大地冥暗午時如夜。
日月無光。
石裂。
地震。
墓開。
先聖復活。
見者皆搥胸而歸。
軍將認耶穌眞主。
耶穌聖魂降臨靈薄救諸古聖。

예수께서 고난받으실 때 성전 장막이 저절로 찢어지다.
대지가 어두워져서 정오가 밤과 같다.
태양과 달에 빛이 없다.
바위가 깨지다.
땅이 흔들리다.
무덤이 열리다.
먼저 [자던] 성인이 부활하다.
지켜보던 자가 모두 가슴을 치며 돌아가다.
군대 장수가 예수가 참된 주라고 인정하다.
예수의 거룩한 영혼이 림보에 내려가서 모든 옛 성인을 구하시다.

성경 찾아보기

	장	라틴어본 도해번호	중국어본 도해번호
스가랴	9	131	49
마태복음	1		
	2	6, 7	8
	3	10	12
	4	12, 13, 14	11
	5	19, 20	20
	6	7, 21, 22, 23	
	7	10, 24, 25	
	8	12, 18, 26, 27, 29	16, 17, 21
	9	30, 31	18
	10		
	11	32	23
	12	45, 46	
	13	38, 39, 40	25
	14	41, 42, 43, 44	26, 27
	15	60, 61	28
	16		
	17	63	30
	18	65, 70, 71	
	19		
	20	72, 80, 82	29, 34
	21	85, 86, 87, 88, 91, 92	38
	22	93, 94, 95	39
	23	96	
	24	97, 98	40
	25	99	40
	26	84, 100, 101, 102, 103, 107, 108, 109, 110, 111, 112, 113, 114, 115, 117	41, 42, 43, 44, 50
	27	116, 118, 120, 121, 122, 125, 126, 127, 128, 129, 130, 132, 133	45, 46, 47, 48, 58
	28	124, 134, 136, 137, 140, 146	51
마가복음	1	10, 12, 13, 14, 10, 12, 18, 26	11, 12, 16
	2	30	18

	장	라틴어본 도해번호	중국어본 도해번호
마가복음	3	45	
	4	29, 38	17, 25
	5	31	
	6	40, 41, 42, 43, 44	26, 27
	7	60, 61, 62	23, 24, 28
	8		
	9	63, 70	30
	10	80, 82	29
	11	85, 86, 87, 88	38
	12	91, 92, 94, 95, 96	
	13	97, 98	40
	14	84, 100, 101, 102, 103, 107, 108, 109, 110, 111, 112, 113, 114, 115	41, 42, 43, 44, 50
	15	116, 117, 118, 120, 121, 122, 124, 125, 126, 127, 128, 129, 130, 132, 133	45, 46, 47, 48, 58
	16	134, 136, 137, 139, 140, 141, 147, 148	51, 53, 54
누가복음	1	1, 2, 8	3, 4, 5, 9
	2	3, 4, 5, 9	6, 7, 10
	3	10	12
	4	12, 13, 14, 18, 40	11, 16
	5	17, 26, 30	18
	6	20, 24, 25	
	7	27, 28, 32, 34	21, 22
	8	29, 31, 38	17, 25
	9	41, 42, 43, 63, 70	26, 30
	10	33, 95	
	11	45, 46	
	12		
	13		
	14	48, 49	
	15	65, 66, 67, 68, 69	
	16	64, 73, 74, 75	32, 33
	17	81	
	18	80, 83, 90	29, 37
	19	85, 86, 88	38
	20	91, 92, 94, 96	
	21	97, 98	40
	22	100, 101, 102, 103, 107, 108, 109, 110, 111, 112 113, 114, 115, 116	41, 42, 43, 44, 50
	23	117, 118, 119, 120, 124, 125, 126, 127, 128, 129, 130, 132, 133	47, 48, 58
	24	134, 136, 137, 138, 141, 142, 147, 148	51, 53, 54

	장	라틴어본 도해번호	중국어본 도해번호
요한복음	1	10, 11	12
	2	15, 16	13, 14
	3		
	4	35, 36, 37	15
	5	47	19
	6	41, 42, 43, 44	26, 27
	7	50, 51, 52	
	8	53, 54, 55, 56	
	9	57, 77, 78	31, 35
	10	58, 59	
	11	76, 79	35, 36
	12	84, 85, 86, 87, 88, 89	38
	13	100, 101, 103	41
	14		
	15		
	16	104, 105, 106	
	17		
	18	107, 108, 109, 110, 111, 112, 113, 114, 115, 118, 120	43, 44, 50
	19	121, 122, 123, 124, 125, 127, 128, 129, 130, 132, 133	45, 46, 48
	20	134, 135, 136, 137, 138, 139, 140, 142, 143	51
	21	144, 145, 148	54
사도행전	1	147, 148	53, 54
	2	149	55
고린도전서	10	102	42
	11	102	42
에베소서	4	131	4
집회서	24	131	24
표시없음		135, 150, 151, 152, 153	1, 2, 52, 56, 57

라틴어 찾아보기

도해번호

중국어 찾아보기

도해번호

한글 찾아보기

도해번호